上海微旅行

漫游这座城

华山路·复兴西路
从戏剧学院到话剧艺术中心，文艺无处不在

东湖路·绍兴路
把文艺留在梧桐树下

衡山路·徐家汇
不泡吧的衡山路

外白渡桥·莫干山路
苏州河边走一遍

外滩·人民广场
避开人流看真正上海滩

永福路·交通大学
故居外的精品生活

思南路·复兴路
从洋房到石库门，重回老上海居民区

虹口公园·北外滩
旧时光里的新生

延安东路·文庙路
最后的老城厢

威海路·巨鹿路
浮华世界背后的小天地

藏羚羊旅行指南编辑部 编著

北京出版集团公司
北京出版社

图书在版编目（CIP）数据

上海微旅行：漫游这座城 / 藏羚羊旅行指南编辑部编著. — 北京：北京出版社，2016.7
　　ISBN 978-7-200-12223-7

Ⅰ. ①上… Ⅱ. ①藏… Ⅲ. ①旅游指南—上海市
Ⅳ. ①K928.951

中国版本图书馆CIP数据核字（2016）第142446号

上海微旅行
漫游这座城
SHANGHAI WEILÜXING

藏羚羊旅行指南编辑部　编著

*

北 京 出 版 集 团 公 司
北 京 出 版 社 出版
（北京北三环中路6号）
邮政编码：100120

网　　　址：www.bph.com.cn
北 京 出 版 集 团 公 司 总 发 行
新 华 书 店 经 销
三河市庆怀印装有限公司印刷

*

787毫米×1092毫米　16开本　14印张　268千字
2016年7月第1版　2016年7月第1次印刷
ISBN 978-7-200-12223-7
定价：49.00元
质量监督电话：010-58572393

CONTENTS 目录

华山路・复兴西路 7
从戏剧学院到话剧艺术中心，文艺无处不在......... 8
- ①上海戏剧学院......... 10
- ②Drawing Room Café & Bar 12
- ③马里昂巴咖啡馆......... 13
- ④西班牙花园住宅......... 14
- ⑤丁香花园......... 16
- ⑥夏朵星期天......... 18
- ⑦Hunan House 19
- ⑧The Apartment 21
- ⑨流光漫影・艺活空间......... 22
- ⑩Mr. Nova 24
- ⑪张乐平故居......... 26
- ⑫安福路......... 28

东湖路・绍兴路 31
把文艺留在梧桐树下......... 32
- ①圣母大堂新乐路教堂......... 34
- ②Odelice 欧膳......... 35
- ③东湖宾馆......... 36
- ④上海音乐学院......... 38
- ⑤RZ 油画工作室......... 40
- ⑥上海工艺美术博物馆......... 42
- ⑦仙炙轩与宝来纳......... 43
- ⑧爱庐和东平路......... 44
- ⑨HLK 46
- ⑩永康路酒吧街......... 48
- ⑪石库门家庭博物馆......... 50
- ⑫上海理工大学......... 52
- ⑬绍兴路......... 54
- ⑭生煎锅贴......... 56

衡山路・徐家汇 59
不泡吧的衡山路......... 60
- ①基督教国际礼拜堂......... 62
- ②永嘉路手工定制鞋店......... 64
- ③知了茶馆......... 66
- ④安亭别墅・花园酒店......... 68
- ⑤衡山宾馆......... 70
- ⑥徐家汇公园......... 72
- ⑦衡山坊......... 74
- ⑧徐家汇天主教堂......... 76

外白渡桥・莫干山路 79
苏州河边走一遍......... 80
- ①外白渡桥......... 82
- ②浦江饭店......... 84
- ③外滩源......... 86
- ④微热山丘凤梨酥......... 88
- ⑤上海邮政总局大楼......... 90
- ⑥七浦路市场......... 92
- ⑦四行仓库......... 94
- ⑧良友创意仓库屋顶花园......... 96
- ⑨苏州河畔国际青年旅舍......... 98
- ⑩莫干山路 M50 100

外滩・人民广场 103
避开人流看真正上海滩......... 104
- ①外滩......... 106
- ②南京东路......... 108
- ③沐恩堂......... 110
- ④星巴克露台......... 112
- ⑤人民公园......... 114
- ⑥东泰祥生煎馆......... 116
- ⑦十六铺和老码头......... 118
- ⑧董家渡面料市场......... 120

目录 CONTENTS

永福路·交通大学 ·········· 123
故居外的精品生活 ·········· 124
- ① 兴国宾馆 ·········· 126
- ② 巴金故居 ·········· 128
- ③ FANCY FRUIT ·········· 130
- ④ 鲁马滋精品咖啡 ·········· 132
- ⑤ Farine ·········· 134
- ⑥ 徐汇老房子艺术中心 ·········· 136
- ⑦ 宋庆龄故居 ·········· 138
- ⑧ 交通大学 ·········· 140
- ⑨ 红坊 ·········· 142

思南路·复兴路 ·········· 145
从洋房到石库门，重回老上海居民区 ·········· 146
- ① 共青团中央机关旧址纪念馆 ·········· 148
- ② 上海哈尔滨食品厂 ·········· 150
- ③ 查餐厅 ·········· 152
- ④ 科学会堂 ·········· 154
- ⑤ 思南公馆 ·········· 156
- ⑥ 瑞金宾馆 ·········· 158
- ⑦ 荣记牛杂 ·········· 160
- ⑧ 花园公寓和诸圣堂 ·········· 162
- ⑨ Original Coffee ·········· 164

虹口公园·北外滩 ·········· 167
旧时光里的新生 ·········· 168
- ① 鲁迅公园 ·········· 170
- ② 山阴路和大陆新村 ·········· 172
- ③ 万寿斋 ·········· 174
- ④ 溧阳路 ·········· 176
- ⑤ 多伦路 ·········· 178
- ⑥ 虬江路电子市场 ·········· 180
- ⑦ 音乐谷 ·········· 182

延安东路·文庙路 ·········· 185
最后的老城厢 ·········· 186
- ① 上海文物商店 ·········· 188
- ② 大镜路城墙道观楼阁 ·········· 190
- ③ 老广东菜馆 ·········· 192
- ④ 南市旧里 ·········· 194
- ⑤ 西藏南路花鸟市场 ·········· 196
- ⑥ 法藏讲寺 ·········· 198

威海路·巨鹿路 ·········· 201
浮华世界背后的小天地 ·········· 202
- ① 静安别墅和张家花园 ·········· 204
- ② 弄堂小馄饨 ·········· 206
- ③ 美新点心店 ·········· 208
- ④ 马勒别墅 ·········· 210
- ⑤ 常德公寓 ·········· 212
- ⑥ Seesaw Coffee ·········· 214
- ⑦ 中福会少年宫嘉道理旧宅 ·········· 216
- ⑧ 喫茶去 ·········· 218
- ⑨ 电车站 ·········· 220
- ⑩ Essence Casa ·········· 222

PREFACE 前言

写这篇前言时，已经是书稿完成的数月之后。突然要回忆之前几个月的采写内容着实有点伤脑筋。好在那个上海还在，没有太大改变。慢慢地回忆，又打开了心中那个上海的精彩画卷。

不知道你是何时何地打开这本书的，如果你愿意读下去，那么意味着开启了一段精彩的旅程。哪怕是字面上的，在这里也要祝愿你经历一次别开生面的旅行。

旅行有时候就像是读书，你永远不知道下一页写的是什么。那么这本书的下一页又是什么呢？就我自己的理解，下一页永远是上海的某一个角落、一个侧面、一次特写。它不是上海的全部，恐怕也没有人知道上海的全部是什么。那么索性就让我们一点一点地探索。

所以这本书的点点滴滴都围绕着上海展开。上海的多样性，足以让我们找到千千万万个点滴，它们融合起来就成了大江、大海。而这本书并没有人们耳熟能详的"点滴"——例如去城隍庙吃汤包，到东方明珠踩踩透明玻璃，去外滩数数"人头"……它们虽然也是上海，但我们不想让你体验"旅行团"的上海。抛开那些千人一面的老套，上海有趣的点滴足以填满你的行程表。不要担心找不到方向，书里有十条线路，上百个地方等待你去探索。

你需要留意的是这本书里没有往常熟悉的"地标"，即便有也可能是以另类的方式去体验。我们带你前往的地方，对于游客来说可能有点陌生，甚至上海本地人也不一定熟悉。然而这并不代表它们不属于这座城市。恰恰相反，在摩天大楼的包围下，这些小地方、小店往往是上海最真实的展现。我们希望作为一个游客，能打开上海这个"潘多拉盒子"，寻找到能真正体验上海的美的地方。那可能是法租界的早午餐，苏州河边的天台花园，老洋房里的咖啡，石库门里的花草……每一个地点都是一种属于上海文化的细节，都是一种生活方式，有时它魔幻得像夜上海的璀璨灯光，但有时它也只是寂静弄堂里的独坐。一千个人可以有一千个上海，在这里你可以找到你的上海。

这本书另一个实用的地方是有现成的线路，你可以轻松实践。从文艺、安静的法租界到喧嚣、忙碌的公共租界再到即将转型的老城厢，一个个鲜活真实的上海扑面而来。上海发达的公共交通保证让你轻松完成书中的线路。实际上有一些你大可以用脚步丈量。尤其在老市区，在那些安逸的生活区中徜徉，你会陶醉于遮天蔽日的梧桐，陶醉于老别墅花草茂盛的花园，陶醉于休闲自在的露台。十条线路有些还可以互相联通。只要你稍稍发挥一些想象力，就可以制造你自己的独家线路。

最后你也清楚地知道，你不可能穷尽上海那些独特且魅力不凡的旅行线路。你只是在一缸水中舀起了一瓢清水。这一瓢可以解解渴，但下一瓢可能还等待着你去发掘。愿你能发现更多，体验更多！

open
Make K 锁
Fix lock 锁芯
配锁匙
13291784274 8

华山路·复兴西路

漫步梧桐树羊肠小道，一栋栋美轮美奂的洋楼接踵而至，突然就有一个小资的文艺店铺映入眼帘。

从戏剧学院到话剧艺术中心，文艺无处不在

香醇咖啡

夏朵星期天好吃的甜品

鸡尾酒

从华山路一路走到复兴西路，一条文艺小资的道路清晰地呈现在眼前。漫步梧桐树羊肠小道，一栋栋美轮美奂的洋楼接踵而至，突然就有一个小资的文艺店铺映入眼帘。戏剧学院"象牙塔"里还有对艺术执着的青年，话剧艺术中心更散发着文艺的气息。

当梦想做明星的少男少女踏入华山路的"象牙塔"时，他们还没脱去稚气，更有幸保留一份纯真。在绿色草坪上，在优雅的长廊里，在琴声悠扬的琴房里，你可以和他们一样感受到学院派的指引，那些无处不在的易卜生、莎士比亚正在诉说着戏剧艺术的真谛。

文艺青年长大了，化身成为白领，会拿着话剧票陆续来到安福路。已经商业化的小路上顿时有了说不清道不明的悠然自得。来这里不仅是喝一杯咖啡，吃一顿早午餐，更可以从那些听故事、看话剧的鲜活面孔中找到无关柴米油盐的阳春白雪。

掂量一下华山路、复兴路、五原路那些漂亮的洋楼，哪一个不是艺术的结晶？再寻觅一下吧，几十年前从楼里走出的或许就是改变这个国家的文化名人。只要你够细心，文艺之路上一定有打动你的故事。

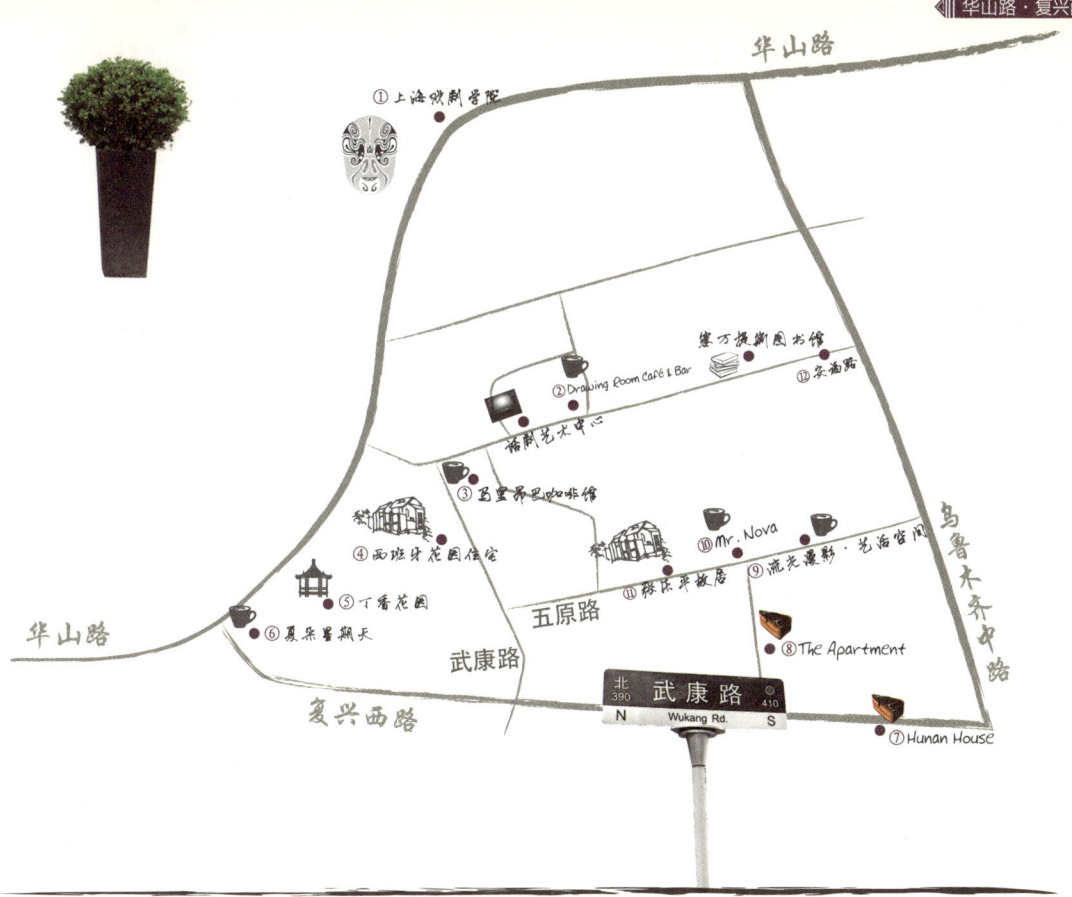

华山路·复兴西路

▶ **起始地**
上海戏剧学院

路线：①上海戏剧学院—② Drawing Room Café & Bar—③马里昂巴咖啡馆—④西班牙花园住宅—⑤丁香花园—⑥夏朵星期天—⑦ Hunan House—⑧ The Apartment—⑨流光漫影·艺活空间—⑩ Mr. Nova—⑪张乐平故居—⑫安福路

◉ **终点**
安福路

9

① 上海戏剧学院

来戏剧学院体验养眼之旅 ▷

　　如果你要来一次养眼之旅，不如来戏剧学院寻觅。在这里，美丽的新老建筑被草坪、花园、曲径包围，长发飘飘的女生和阳光帅气的男生游走其中，说不定你就遇见下一个李冰冰了呢！

　　戏剧学院正门在华山路上，门口就是学院的广场，显得特别开阔。在学院的后面，一座红白相间的老楼最显眼，从门口走几步就能到它面前，它就是戏剧学院最著名的熊佛西楼，而熊佛西就是上海戏剧学院的创始人。他的雕塑也被矗立在大楼的对面，一直静静地注视着自己创办的学院。令人感动的是至今雕塑前时常有人献上鲜花悼念他。

　　熊佛西楼是砖木结构的，青色和红色的砖砌成外墙，有着平缓、大气的坡顶。最让人留恋的还是有着漂亮围栏的、宽敞的外廊，阳光的照射把优美的剪影投射到长廊地板上。熊佛西楼边上还有副楼，外立面有着同样的构造，但多了各种造型的门窗点缀，犹如一次几何图形的展览。楼下一棵金橘树果实累累，似乎是象征着桃李芬芳。

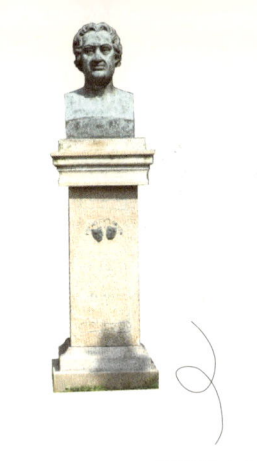

戏剧学院中的格尔多尼雕像

熊佛西的雕塑矗立在大楼的对面，一直静静地注视着自己创办的学院

熊佛西楼原来是德国人的乡村俱乐部，是20世纪上海上流社会交际的一个重要场所。传说张爱玲曾在这里留下不少爱与恨纠结的故事。她许多作品中都有这座楼的倩影。

熊佛西楼的斜对面是新建的剧场，门前有开阔的广场和流水潺潺的人造瀑布。几棵大树用树荫"照顾"着数尊雕塑。雕塑都是戏剧界举足轻重的人物，他们都太伟大了，以至于莎士比亚这样的"大佬"都只能"躲到"角落。

绕过熊佛西楼向学院深处走去，一片宽阔的草坪和学院的主楼呈现在眼前。这座教学楼和熊佛西楼保持着相近的格调，不过规模要宏大得多。楼前的草坪十分宽阔，草坪的草绿油油的像是铺上了绿色地毯。抽象的钢结构现代雕塑和具有图腾意味的古朴石雕都安静地守护着草坪。学生们最爱在草坪上度过休闲时光，哪怕只是在草坪上漫步都是一种享受。

再往里走几乎是学院的最深处。这里同样藏着令人激动的老洋楼和花园草坪。这两栋相对小巧的洋楼有着迥异的风格，最明显的特点就是外立面使用鹅卵石铺就，中间位置有宽敞的阳台。春天去可以看到楼下粉色的鲜花肆意地盛开，和灰色基调的洋楼相映成趣。

上海戏剧学院是一座春光无限的地方，这里的草木、花卉随处可见。如果你不满足于自然春光，还可以看一下明媚阳光下的琴房。在琴房外的草坪上有喂养流浪猫的投食点。所以除了懒散的流浪猫出现在这里外，学院里富有爱心的女学生们也会留恋此地。看着她们喂猫、逗猫，可谓"春光无限"。

上海市静安区华山路630号

戏剧学院中易卜生的雕像

② Drawing Room Café & Bar

洋楼顶上好风光 ▷

这家餐吧是安福路上的"新人",占据了红色洋楼的三、四楼。这栋房子前身是人民艺术剧院,现在完全被商家占据。房子的白色楼梯非常有趣,从楼里绕到楼外并超越外墙横亘在人行道上。

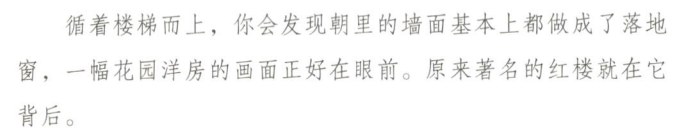

循着楼梯而上,你会发现朝里的墙面基本上都做成了落地窗,一幅花园洋房的画面正好在眼前。原来著名的红楼就在它背后。

上到最顶层实际上已经是洋楼的楼顶了,但经过加工改造,一个顶楼餐吧跃然眼前。靠背面一部分做成了阳光房,可以风雨无阻地用餐。最妙之处是红楼就在眼底,可以尽情"享用"。剩下的部分则都是露天座,许多人还就是冲着这个露天座来的。除了冬、夏季,这里是奢侈地享受"法租界阳光"的绝佳地点。前面是绿影中"刚毅"的巨拨来斯公寓,背后是可爱、多变的红砖花园洋房。能在这红色和绿色交织的"客厅"静静地看书,甚至只是静静地听这个世界,都是一种享受。

因为餐厅是咖啡吧的缘故,以西点、简餐为主,在话剧开场前,简单地来杯下午茶是最经典的安排。值得一提的是楼下是老板开的美甲店,如果是爱美的女生应该会喜欢。在楼下做美甲,除了看风景之外,还能看到老楼精致的内部装饰。

餐吧里古董的装饰

上:洋楼楼顶惬意的环境
下:餐吧内的一角

徐汇区安福路 284 号

③ 马里昂巴咖啡馆

听听话剧大咖的故事 ▷

如果安福路因为话剧改变命运，那么马里昂巴咖啡馆可以说是因为话剧而变成上海的咖啡胜地。

因为是安福路上最早期的咖啡馆，在那些文艺青年和文艺大咖的熏陶下咖啡馆也具有了别样的文艺范。在上海，如果你没有听说过这家店，就不能称得上是文艺青年。

实际上咖啡馆并没有特别"高大上"的设计。老旧的沙发已经有些松软，天花板上的英文报纸越来越过期了，室内空间略显狭小，仅有的一片户外座也常常人满为患。好在蛋糕上芝士依旧浓郁，海盐咖啡还是那么够劲！

然而就是这个有些懒散甚至邋遢的小店曾经有过无数文艺故事上演。网上盛传，作家周嘉宁曾经在店里洗过两个月的盘子，金世杰爱喝5份量的浓缩咖啡，还有孟京辉、林兆华、李安等名人的身影都曾出现在这里。

至今这里接着地气的、慵懒的文艺气息依旧是一道风景，如果你喝着咖啡一不小心遇到名人，千万要保持矜持，别把咖啡给洒了。

马里昂巴咖啡馆
浓郁醇香的咖啡

🏠 上海徐汇区武康路55号（近安福路）

上：马里昂巴咖啡馆
下：咖啡馆内的一角

④ 西班牙花园住宅

听西班牙花园住宅讲故事 ▷

  武康路的面貌至今没有大的变化。40弄的西班牙花园住宅就是例证之一。它建成于20世纪30年代。40弄里的房子大多数带有西班牙风格的影子，是中国著名设计师董大酉的作品。这些房屋外立面都是黄色的，并且用了毛糙表面结构。红色的筒瓦像波浪一样铺满了标志性的斜顶，和黄色外立面形成鲜明对比。细细打量屋檐下还有卷齿带装饰，在太阳投影下线条优美。内转角设有大气的两层落地窗，而门前都留有雕刻精美的装饰甚至是立柱。门前还留着古老、优雅的煤气灯，就连那个欧式的铜信箱都很好地保留在门边。

  弄堂里的房屋大致呈纵向排列，边上就是公用的小花园。红色的枫叶、绿色的梧桐、粗壮的芭蕉、按时节开放的鲜花在院子里交相辉映。住在这里的老伯常常收完衣服就开始修剪草木的枝叶，这就是他几十年来最大的乐趣。

🏠 武康路40弄

武康路的街景

华山路·复兴西路

　　就在这个花园里曾走出不少大人物。中国近代著名的医学教育家、公共医学专家颜福庆曾于1943年至1950年居住在弄堂的4号。而1号则是唐绍仪的旧居,这位民国的开国总理最后的人生就是在这里度过的。当时正是抗战时期,上海已经沦陷。唐绍仪因为其在中国政界的影响力,成为各方争取的人物,尤其是日本人一直想拉拢他充当"傀儡"。唐绍仪左右周旋,与各方保持暧昧,并没有明确态度。就在这个节骨眼上,在重庆的蒋介石决定刺杀他,最终国民党特务假扮成古董商将唐绍仪砍死在这座花园洋房内。

花园洋房中的花

⑤ 丁香花园

养在深闺的秘密花园 ▷

　　"李鸿章有个七姨太，唤作'丁香'，李鸿章特别珍爱她，在华山路建一座花园洋房金屋藏娇，这房子就是丁香花园。"这是上海滩上一个流传甚广的传说。实际上李鸿章并没有什么七姨太，也不曾修建过丁香花园。但丁香花园真实地存在于华山路的绿荫里。

　　即便那个颇具戏剧性的传说不可靠，但丁香花园依旧是上海滩的传奇，一方面它是上海最杰出的花园洋房之一，另一方面也是因为它确实和晚清李鸿章家族有着密切关系。目前比较可靠的考证认为丁香花园地块是李鸿章的产业，在其死后算作不值钱的家产和一些股票一起分配给了庶出的幼子李经迈。拿到遗产后李经迈不仅修建了丁香花园，还在生意场上风生水起，成为当时的巨富之一。而他直到 1940 年逝世为止都一直住在丁香花园内。

　　除了主人的传奇色彩，建筑本身也可以算是上海滩建筑中的翘楚，是华山路上最让人唏嘘的"绝代风华"。它建于 19 世纪末，由美国著名建筑师罗杰斯设计。它最大的特点是中西合璧，西式的洋楼和中式庭院融为一体，很是难得。

🏠 华山路 849 号附近

上海丁香花园

花园中可以看到亭台楼阁、小桥流水，甚至有卧龙盘踞。再加上树木参天、绿草茵茵，一派"满园春色关不住"的景象。只可惜现在花园的几个入口都立着"闲人免进"的牌子。不过用作餐厅的洋楼倒是可以观瞻。现在编号为1-3的三栋楼中，1号楼和3号楼为英国乡村风格，2号楼为现代花园住宅样式。这三栋楼充分体现19世纪末20世纪初世界建筑流行的明快、清新风格。

你可以沿着花园边的小径，在樟树的落叶中慢慢移步仔细揣摩这些建筑。棱角分明的梯形和圆润的半圆左右而对；循石阶而上的大平台上柱式门廊依旧威武；深色的木结构勾勒出建筑舒朗的线条；一个个大小坡面、小巧尖顶、稳重的老虎窗给人带来一种建筑的韵律感……最有趣的是建筑还有好多中国元素。例如，南立面上下两层的木柱长廊带有中国式样，底层遮阳板的图案也是金钱图案，均带有中国传统特色。

现在的丁香花园据说是由兴国宾馆管理，其中只有一栋楼是做餐厅用，其余两栋，有工作人员表示是给老干部用的。其实有一条小径通向乡村风格建筑的背后，那里还有几处老洋房和一个大草坪，不过现在作为有关部门的办公室使用。如果遇上较真的"有关领导"，会勒令游客"Out"。当然偷偷地看上几眼问题还是不大的，也许这才是真正养在深闺的秘密花园吧。

⑥ 夏朵星期天

低角度窥视复兴路 ▷

在丁香花园的外围有一个出名的夏朵星期天餐厅，它几乎占据了华山路和复兴西路拐角的所有洋楼。餐厅分成三个部分，其实是三个菜系，其中法餐、意大利餐占据两席。他们在"高大上"的花园洋房中带给食客法兰西的雍容和意大利的浪漫风情。

很难讲清星期天是什么风格的菜系，看上去更像是法国人家庭式聚会，简单喝喝东西、吃吃甜品，却是一种其乐融融的享受。最让人惊喜的是屋外还有一个小小的下沉式长廊。说是长廊其实也就是四五步路的长度，而且异常狭窄，只能容一个人走过，若是遇上了"重量级"恐怕还有些麻烦呢。这个小小的空间奥妙之处就在于低于路面，视线正好平视路面。走过的人往往只会看到小腿部分，这不免让人想起了某些欧洲文艺电影的场景。这局部的视角是否会带来不一样的审美呢？恐怕只有你坐下来喝一杯咖啡后才能晓得吧。

夏朵星期天
好吃的甜品

复兴西路246号

夏朵星期天餐馆的内景

⑦ Hunan House

老房子里奶奶的味道 ▷

> 上海徐汇区复兴西路49弄2号（近乌鲁木齐路）

透亮的红酒杯在闪烁的烛光下分外妖娆

　　复兴路隐秘的弄堂里常常大有乾坤，Hunan House 可谓其中的翘楚。

　　Hunan House 的名称既是应和就在边上的湖南路，也道出它主营湖南菜。在浓油赤酱的上海滩能把湖南菜做得如此有情调恐怕也只此一家。

　　穿过简陋的小巷踏进店门你就会被大大地惊喜到。华丽的旋转木楼梯连通上下楼，红色绒布沙发高雅大气，透亮的红酒杯在烛光闪烁下分外妖娆——"这里更像是酒吧或是西餐厅，哪里会想到是湖南菜？"许多食客初来乍到时都会发出这样的感叹。

　　然而来这里确实是吃湖南菜的。老板娘是地地道道的辣妹子。据说这家餐厅的诞生正是为了她的奶奶。她说，用湖

南菜餐厅来怀念祖母，即使家乡远在湖南安化，但是祖母做的菜的味道是童年的记忆中永远无法忘记的；Hunan House 是浴火重生的凤凰。房子虽不是原来奶奶的那幢房子，岁月也不是原来的岁月，跨越着时间和地域，永远不变的是火辣辣的菜和家的温暖！

不过湖南的味道到了上海毕竟是要调整一下的。想来奶奶的重辣上海人民是消受不了的。于是很多时候辣椒可能更多是点缀而不是核心，在让你吃出辣味的同时点到即止。就像是一个武林高手和你过招，既让你感受到套路的凶猛，同时又不伤筋动骨。

擂茄子很可能是最先与你见面的菜。茄子凉拌非常讲究，香而不腻，入口极为滑爽，清脆的辣椒和茄子搭配更丰富了口感。这里的辣总是能恰到好处。例如另一样高点击率的双色鱼头，使用了泡椒，辣味慢慢上来，让人感觉越辣越过瘾，即便不吃辣的人也会"被骗入局"，进入无辣不欢的境界，其中的奥秘就是对辣味的准确把握。另外，孜然排骨、手撕包菜、牙签牛肉都是 Hunan House 的必点菜，同样保持着辣而不厌的风格，让湖南奶奶的味道能在上海发扬光大。

色、香、味俱全的湘菜

华山路·复兴西路

⑧ The Apartment

树海里的屋顶 ▷

漂亮的鸡尾酒

The Apartment 是藏匿在旧时法租界洋楼里的一个"Loft"餐吧。

这个餐吧灵感来自纽约伦敦流行的 Loft 理念，整个餐吧各个区域都有独特的居室满足不同客人的口味，同时联系起来就是一种家的感觉。你可以直奔三楼的屋顶而去，那是一个七八米见方的露台。露台上摆满白色的木桌，中间是一个小花坛，花坛四周是紫色的沙发座。在露台的边缘有带着美妙弧度的白色路灯依次排开，让人们想起了地中海的小岛。露台被一圈树木包围。大部分树木顶部正好长到三层楼高，构成一片"树海"；少部分高大树木冲出"海面"，像一座座绿塔矗立着。稍远处，红色墙壁的老房子在"绿海"中若隐若现。这里视野开阔，不像上海商务区那样高楼林立，在你徒步领略过"法租界"后正好可以换一个角度再次审视这个浪漫的地方。

🏠 上海徐汇区永福路47号
302室近复兴西路

The Apartment 美丽的露台

下午来，你可以点一杯特饮或是鸡尾酒，和安静、惬意的梧桐树海搭配相得益彰。坐定后和朋友聊聊往事，或是独自一人看看书，都是极致的"法式"享受。

21

⑨ 流光漫影·艺活空间

洋楼里的生活艺术家 ▷

　　如果对生活有点麻木，那就来这个隐藏在梧桐树下的特别空间吧。这个黄色铁门背后的世界叫作流光漫影·艺活空间。

　　几年前，小鱼和老张，一男一女两个广告人走上了寻找"理想空间"的路，他们不屑于连锁商业模式化的空间，他们要做的是独特的个性空间。很显然长着桂花树的洋楼小院满足了他们对特立独行空间的要求。首先小院子被重新收拾，桂花树下摆着无修饰的、大大的原木木桌。木桌是完全露天的，桂花树庞大的树杈为它撑起一片绿意，午后桂花树还会把自己的身影投射到桌上。木桌对面搭建了带着漂亮顶棚的精致的空间，既能享受阳光，也能避开雨水侵扰。这个小空间已经成为许多创意工作者的"第二工作室"。

　　走进屋里，可以看到空间并不大。不过墙上挂着的一幅幅独特的画作、摆满瓷器的多宝阁还是显示出其独特的艺术氛围。书也是空间里的主角，流光漫影和多个机构合作建起了"图书

精品咖啡

流光漫影·艺活空间，书是这里另一个主角

华山路·复兴西路

馆"，几百本的藏书数量已经相当惊人。你在这里既可以借阅也能将闲置的书籍捐赠，发挥这个时代共享的精神。里屋的一角做成了咖啡工作台，精品咖啡的香味直接从这里飘满整个屋子。咖啡台正对的整块墙面改成了玻璃，让略显局促的空间顿时敞亮、宽大了起来。

在这里最惬意的位置应该是落地窗的窗台。你可以半躺在上面，借用室外透进来的日光看书。看书时也能看看窗外的院子，自己看风景的同时也是别人的一道风景。当然在这里可以做的事远不止这些，你可以端着咖啡慢慢端详一屋子的艺术品，看中了还能直接购买。如果原作太贵的话，限量复制的原作版画是性价比非常好的选择。你甚至可以自己来一次艺术实践，参加这里的各种艺术沙龙活动，假装自己是个艺术家。如果是夏天的夜晚，那么来这里享受桂花树下的音乐派对也是在上海最浪漫的事情之一。

当代艺术、原创设计、精品咖啡、活动沙龙是小鱼和老张借用空间对他们理解的艺术和生活方式的诠释。用他们的话来说：每个人都是生活的艺术家。

透过落地窗的窗台看向在庭院中的客人

🏠 五原路 250 号

23

⑩ Mr. Nova

售卖时尚的怒放先生遇见移动咖啡师小A ▶

在五原路上住着一位"怒放先生（Mr. Nova）"，他穿着时髦，秉持自我的个性，不爱奢侈品，只关注与自己品味贴合的设计品牌。他像极了60多年前出没此地的"老克勒"，远远地就透着一股独有的品味。

实际上"怒放先生"是一家男性服饰精品店，老板是来自天津的"品质男"——菲比斯（Phoebus）。他觉得中国男性生活在束缚中，于是他要帮助中国的男性解放个性："男人也可以很漂亮，很有型。"得益于他曾经的时尚买手的经验，他收集到来自欧洲的几十个不同风格、不同专长的时尚品牌产品。店里男性时尚品几乎是应有尽有，且坚决走品质、设计、个性路线。这些风格各异的单品排列整齐地聚首在一个小空间里，有时让人感觉这里更像是艺术馆。

咖啡师小A
精心制作的咖啡

售卖时尚的怒放先生

华山路·复兴西路

徐汇区五原路270弄1号临街（与永福路交叉口）

上：咖啡师小A细心制作香醇的咖啡
下：精品店的院子里置下喝咖啡的空间

店里最有感觉的是陈列洋服和皮鞋的地方。着高档洋装、作势欢迎的模特身下放着奶白色的老式打字机，再往下是带有强烈装置艺术感的黑白夹花地板，背后是各种花哨的胸章。再往里是低于地面的一个狭长空间，朝外的半堵墙是落地窗，让局促的小房间豁然开朗。

除了型男置办行头，这里常吸引人的还有小A的精品咖啡。"一定要让热爱咖啡的人能坐下来细细品味。"Phoebus开店之初就想好要在精品店的院子里置下喝咖啡的空间。专业的咖啡师小A自然就成了完成他这一心愿的合作伙伴。小A为了开咖啡馆曾经3个月内考察了伦敦100多家咖啡馆。他把欧洲的精品咖啡理念带到"怒放"，主打他亲自参与种植、采摘、烘焙的云南高海拔精品咖啡。"怒放"成为上海极少数能喝到云南精品咖啡的小店。

于是，在清朗的院子里，高大的树影下，一张大桌聚集起一群讲究精致生活的朋友，品尝着高原的好咖啡，有一句没一句地聊着，偶尔望一眼窗里新到的货色，这里就是"怒放"。

25

⑪ 张乐平故居

遇见三毛的"爸爸" ▷

　　安静的五原路上一栋栋带着小院子的洋楼彰显着它的欧式风格。不过就在这条"欧化"的小路上却走出过一个我们曾经再熟悉不过的经典形象——三毛。

　　那个瘦削的肩膀上顶着一个大大的圆脑袋，光光的脑袋上只长出三簇头发——这个三毛我们怎么会忘记。而他的创作者张乐平就长期居住在五原路288弄这条幽深的弄堂里。

　　这个不足百米的弄堂一眼就能望到底，平时鲜有人走动，安静极了。若不是弄堂口的招牌、墙壁上张乐平的生平和三毛系列浮雕，你一定会和它擦肩而过。抗日战争胜利后张乐平就一直居住在此直到去世。有关三毛的经典作品几乎都在这里诞生，包括最早的三毛电影也因为楼下住着上官云珠的堂兄——制片人韦布而变得顺理成章。就连那个不起眼的弄堂口也曾是张乐平吃夜宵小馄饨的地方。

　　这栋房子在弄堂底右侧，一扇黑黑的大门紧锁着。"就是这里，不开放的。"弄堂底高档私宅的门卫不耐烦地向偶有的游客解释着。宅子里的阿姨听闻更是着急地指点门卫："侬就和他讲这里是私人的地方！"

三毛形象的生活化浮雕

当年张乐平要比他们大方得多，好酒的他经常拎着酒回家，动不动邀请朋友一起来喝。他喜欢孩子，喜欢热闹，梦想打造"儿童乐园"。事实上288弄的这栋黄色洋楼一度成为真实的"儿童乐园"。他自己有7个孩子，还收养过几个孩子，其中包括上官云珠的两个遗孤。赶巧楼下的韦布居然也有8个孩子。这样这栋洋楼果真变成孩子满天飞的"儿童乐园"。想来时光若是倒转70年，这条弄堂该是多"热闹"啊！

尽管张乐平旧居已是不方便参观的私宅，但五原路上还有很多类似的洋楼弄堂可以随便逛逛。这里的空气特别清新，环境更是清幽，你都不好意思做出大动作，生怕惊扰了这里的安静。穿过斑驳的梧桐树影，那一栋栋小黄楼就躲藏在梧桐深处。它们几乎有同样的格调：铁门留有花哨的纹理，墙面总是"泛起层层浪花"，门柱上装着古典的煤气灯，窗户上油布雨搭画出美妙的弧线。最令人神往的还是每栋楼下都有一个小院子，一棵树就足以遮阴整个院落，让人满眼泛绿。若是没有本地人走动，恍惚间还真以为来到欧洲。

洋楼弄堂之余，你还可以瞄一眼永福路路口的红色花园住宅。整栋楼都是红砖砌成，三角形的斜顶舒朗硬气，入口处的巴洛克风格门柱小巧动人，三根顶天的烟囱似乎是专为方便圣诞老人而设。建筑的英伦风味浓重，占据街道拐角，所以视野也特别宽广，只要稍加留意远远地你就能认出它。

🏠 上海市徐汇区五原路288弄3号

⑫ 安福路

梧桐树下的话剧人生 ▷

　　这条原名巨拨来斯的小路本身是深得法租界真传，保持着与世无争的姿态。各种风格的洋楼，加上遮蔽太阳的梧桐树，本来是可以安静地过完一生的。可是话剧中心的落成，让它一下成为上海的一个文艺据点，它的人生也有了戏剧般的转折。这些年话剧观众越发年轻化、白领化。那些手握话剧票、翩翩而至的文艺青年、白领用一种幽静而别致的气质来梳理这条街道。即便是在话剧看完退场时，人们依旧保持着一种克制，不去轻易打破安福路的安逸。与此同时因文艺聚集的人气总要寻找到合适的释放点，咖啡馆、小资餐厅正是他们的最爱。于是几年来沿街的楼房陆续开出门面，适合聊天的咖啡吧、健康的烘焙店、小巧的咖啡店、小清新的泡芙店、深藏不露的楼顶餐吧，还有文艺、个性的设计小店几乎占据了整条街。"也不知道什么时候开始，一条街就都开始做餐饮了。"住在附近的程先生说这里已经红火好几年了。尽管商店多了，他还是愿意来这里散步。原来这里的店面像看话剧的文艺青年一样保持着克制的商业激情，把原有建筑的味道保留得不错。在这里依旧能看到墙上的艺术装饰、折中主义、巴洛克风格、西班牙斜顶……

久而久之，喜欢阳光、舒适的老外们开始沉醉在这里，把这里当作诠释他们理想生活方式的聚集地。除了欢度快乐时光的老外，或许那些文艺大腕才是这里最值得期待的过客。咖啡店的老板常会在桌边一遍遍讲述他店里的故事：某某演员喜欢坐屋外的那个座位，某某导演最喜欢焦糖口味……

上海市徐汇区安福路

故事虽然传奇，但去一次话剧中心撞上名人的概率还是非常有限的。不过遇见有趣的建筑却易如反掌。如果你看完话剧，那么向左转走几步，朝马路对面看是轮廓硬朗的巨拨来斯公寓，似乎至今还在为佐证安福路的昨天存在。

再回过头来是最迷人的红楼——安福路284号。掩映在绿色丛中、躲在假山背后的这栋红砖老洋房建于1917年，折形屋面带着旧式老虎窗，二楼墙面露着明木构架，还有木栏环抱。房子的墙面用深色的卵石镶嵌，门窗半圆形和扁尖形并用，圆润和硬朗兼具十分讨人喜欢。它曾经是一家高级餐厅，一度在上海非常有名，被誉为"情人公馆"。一场大火让"情人分离"，公馆也只能独守空房至今。现今，这里门卫严守大门。好在，大门够宽敞，假山、草坪、绿荫连同洋楼都能眺望到。若还不过瘾，可以到隔壁的屋顶餐吧俯瞰，视野极好。走到武康路路口，著名的马里昂咖啡馆对面是摇身变成Loft的永乐宫影院。

最后一个有趣的去处是西班牙领事馆文化处旗下的塞万提斯图书馆。这里充满浓郁的西班牙文化元素。图书馆里自然也都是西班牙相关图书和影视资料。这里还不定期举办各种西班牙活动。到了夏季还有露天的西班牙电影播放。除此之外塞万提斯合唱队、古典吉他作坊等能让你在安福路全面体验西班牙风情。

图书馆里自然也都是西班牙相关图书和影视资料

汶川 31.02° N
上海 31.14° N

你我重建

东湖路·绍兴路

这些音乐才子们走过一条条小径,身边杰出而传奇的建筑擦肩而过。绿色叶子中鼓起的蓝色圆顶昭示着东正教拜占庭文化曾经到过这里。

把文艺留在梧桐树下

汾阳路上总是能飘来一股文艺气息。音乐学院的存在化解了淮海路和复兴路躁动、繁忙的气息,为行人献上舒缓、适宜的节奏。那些或提、或背着乐器的青年人总是朝气蓬勃,青春写满脸庞。最好是一头长发的女生,伴着春天梧桐的树叶飘然而去,只留下学院里传来的高雅乐曲让你慢慢回味。

宾馆里的杜月笙府邸还"硬朗"得像是刚建成一样;理工大学像是一个时光隧道般带你走进普鲁士王朝;一条东平路足以讲述民国四大家族的故事。

也有学生们不常去的地方。那里既是石库门市民的天下,也是老外们改变上海的例证。一条街变身为西方的社交集散地,国际身影和上海土著混为一谈。流动的上海滩永远有你想象不到的包容性。

也许浮躁的酒吧终究不会是这条文艺路线的终点,所以我们再一次踏入文艺的地盘。老资格的出版社盘踞着小路上最棒的洋楼,多少文人墨客从吱呀作响的木楼梯上踏过。这文脉曾经历过严酷的时代,但终究还是薪火相传了。也许你也是见证者和亲历者,因为你就坐在书店的沙发上,打开一本文艺的小说,专注着主人公跌宕起伏的命运,任由身边的咖啡渐渐变凉。

艺术家笔下的圣母大堂

工艺美术博物馆内的展品

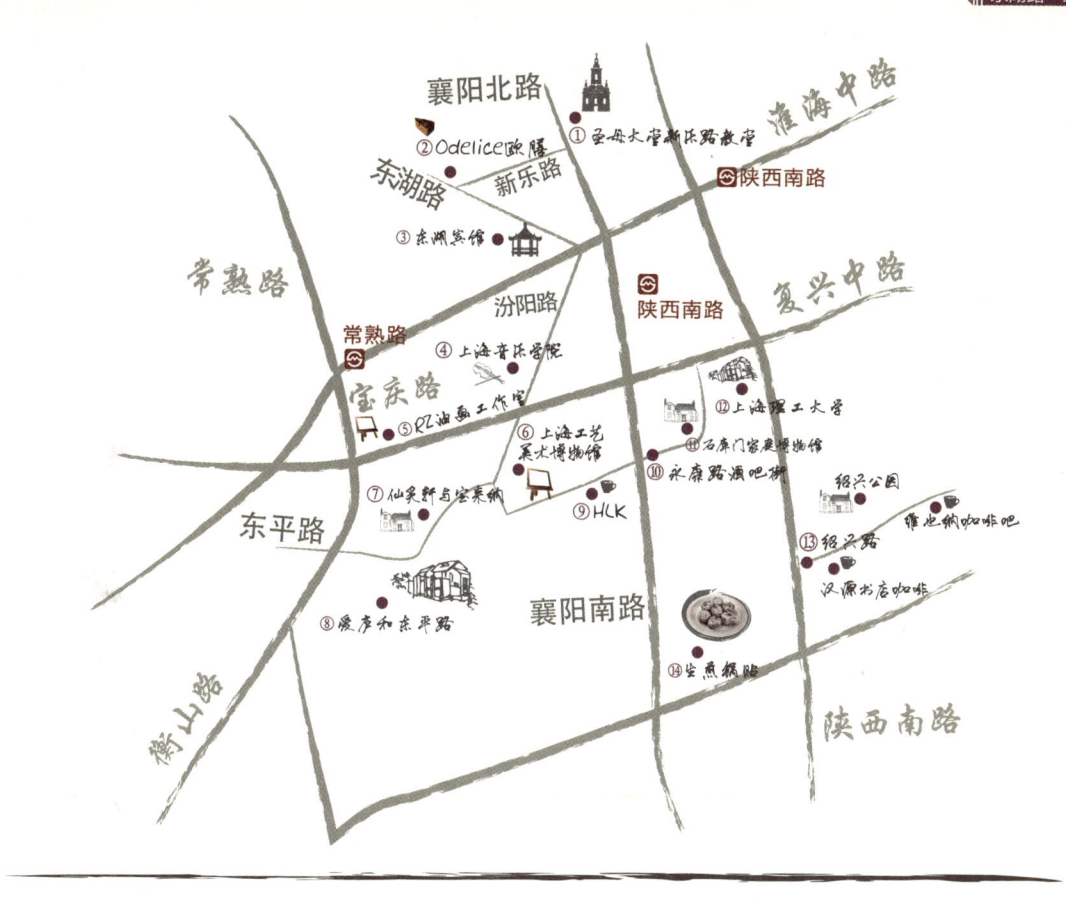

东湖路·绍兴路

▶ **起始地**
　圣母大堂新乐路教堂

路线：①圣母大堂新乐路教堂—②Odelice 欧膳—③东湖宾馆—④上海音乐学院—⑤RZ 油画工作室—⑥上海工艺美术博物馆—⑦仙炙轩与宝来纳—⑧爱庐和东平路—⑨HLK—⑩永康路酒吧街—⑪石库门家庭博物馆—⑫上海理工大学—⑬绍兴路—⑭生煎锅贴

◉ **终点**
　生煎锅贴

33

① 圣母大堂新乐路教堂

一个童话般的存在 ▷

　　每当人们走过新乐路、襄阳北路路口都会被一座奇妙的建筑吸引。即便走过了，还忍不住回头多看它几眼，就好像明天它就不在了。

　　事实上它已经在这个街口存在了82年，它就是圣母大堂，一座东正教教堂。因为宗教、建筑风格上的特殊性，所以即便在有"万国建筑博览"名号的上海它也算是最独特的一个！

　　82年前，这座教堂是东正教上海教区主教维克托尔（白俄）向东正教徒和白俄侨民集资建造的。它见证那个年代"白俄"在上海的影响。你也许听说过上海著名的"红房子"西餐厅，实际上就是白俄人开设的。

　　今天你再回过头来看这座拜占庭建筑，依旧像80年前那样动人心魄。最佳的观赏位置是它所在路口的斜对面。最抢眼的是几个蓝色的"洋葱头"圆顶，顶上还长出闪闪的金色"天线"。顶层的蓝色屋顶和奶白墙壁组成蓝天白云般的效果。而顶层之下中间层的屋顶则变成了弧形屋顶，而且颜色也变成了红色，像是在蓝天白云里泛起了红色的海浪。红、蓝、白这种撞色、"撞形"的处理让建筑多了一股童话气息和异国情调。

　　教堂内部原有的精美壁画在岁月的长河中逐渐被涂料一层层封存，直到2007年，9幅壁画才被修复，重见天日。只可惜东正教现在没有宗教活动，这个教堂长期关闭着，游客鲜有机会进入。不过斜对面小洋楼顶层有一家高级定制皮鞋店，可以免费参观，重点是它家阳台正对着教堂，视野独好。

🏠 徐汇区新乐路55号（襄阳北路口）

艺术家笔下的圣母大堂

东湖路·绍兴路

② Odelice 欧膳

阳光下的法式甜蜜 ▷

抵制不了对蛋糕的诱惑

　　它来自法国，但并不是奢华的法国大餐，而是甜蜜的法国甜品店。想在上海找到一家味道正宗又价格亲民的饼屋，还真不容易。然而在 Odelice 欧膳满足了你对法式甜品的所有幻想。

　　来自法国的老板租下了新乐路转角的一间小屋，在这里尽情挥洒他对法式可丽饼浓浓的爱。店面打理得干净清爽，靠墙位置设置了两排舒适的沙发座，客人可以对着电脑或书在这里度过一个下午。墙上贴着欧陆风情的招贴画，突显出一点来自法国的情调。屋外有一个小露台，每天下午都会被灿烂的阳光眷顾。

🏠 徐汇区新乐路208号（近东湖路）

　　新鲜蔬菜做成的可丽饼即可当作美味早餐，又可当作午后甜点。荞麦饼、华夫饼、螺旋面和各类沙拉，都可以成为下午茶的内容。那些铺满新鲜果汁、奶油、巧克力酱甜腻腻的法式西饼，就像是施了魔法能让人心情大好。喜欢松脆的口感可以选可丽饼，喜欢松软芳香的口感可以选华夫饼。不管你选哪样，恭喜你，你已经被法兰西的甜蜜俘虏了！

坐在 Odelice 欧膳外面的顾客

35

③ 东湖宾馆

东躲西藏的洋楼里寻找杜月笙和张爱玲 ▷

　　东湖路这条小路绝不像看起来那样不起眼。在长乐路到淮海路的几百米里藏着许多老楼，也藏着许多上海滩的往事。

　　如果从长乐路进入东湖路，很快你就会看到矗立在十字路口的绿色亭台。亭子的后面还有一幢左右对称的灰色新古典主义建筑，那就是东湖路70号，东湖宾馆众多花园洋房中最重要的一座。楼前除了亭子还有西洋式喷水池，再看老楼，共五开间，中间三开间有凹阳台，两边呈六边形突出，简洁的方窗下有几何装饰图案。

　　这栋比例优雅的老楼有着非凡的身世。它的主人曾是当时显赫一时的杜月笙。当笔者探访老楼时就遇到一位知情的90岁老人，他问道："侬晓得这楼是谁的吗？"

　　"听说是杜月笙的。"

　　"嗯，是的。我老早还在淮海路那里碰到过他呢！"说完老人脸上还露出微微得意的表情。

🏠 徐汇区东湖路70号

花园中争奇斗艳的花

"海上闻人"至今还有老人记着,也可见杜老板的深远影响。再回望这座大楼,你能否想象孟小冬在这里和人缠绵?苹果行里出身的大佬是否在这里运筹帷幄、指点上海?三大"闻人"有没有在这里推心置腹或钩心斗角?

恐怕真实的历史让你有点失望。"杜月笙不在这里住,他房子多着呢!"正像老人说的那样杜月笙未能在这里住,也许他这样计划过,但时局不允许。连续动荡中他或许只看过几眼这座"杜公馆"便飘零香江。

东湖宾馆有趣之处在于房产占据东湖路两头。绕过杜月笙的房产,去往淮海路1110号(另一入口开在东湖路上),便能看到花园中的另一座著名洋房——7号楼。外观上看它最大特色是一半立面是红砖砌成,另一半立面则是鲜明的巴洛克风格,还有古典韵味十足的廊道,挺拔的壁柱和优雅的拱窗仿佛要把你带到另一个时代。它曾经是沪上一家高级餐馆,名字也起得特别霸气,叫作"大公馆"。现今已经转作写字楼租给了一家金融网络公司。如果你贸然闯入,可能会被没好脸色的门卫阻拦,多问几个问题他们都会不耐烦。于是现在只能看看外观、门口的彩色琉璃窗户和有着"大公馆"字样的大门。

虽然室内考究的装饰无从探寻,但还好能在花园散散步。或许你正走在张爱玲当年最爱的林荫道上。20世纪七八十年前,一个文艺青年随母亲来到这里,只是在人群中多看了一眼,她就爱上了这里,她就是张爱玲。她甚至不愿回父亲的老宅居住,为此和后母大吵特吵。最后还为此受惩罚,被"关了半年"。当你走出花园,也许应该再回头看看这里,让印象更深刻些。等你再翻开张爱玲的作品,或许就能找到这栋楼的影子。

④ 上海音乐学院

在流动的音符中看凝固的音乐 ▷

上：体育场上的音乐学院学子
中：走廊中休息的同学
下：音乐学院深处的老洋房

走在汾阳路你必须优雅一些，甚至是高雅一些，要不然会成为一个让人讨厌的气氛破坏者。因为音乐学院的存在，这个小社区有了自己独特的高雅气质。无处不在的琴行里常常飘来琴声，长发飘飘的学子背着乐器在梧桐树下散步，春风吹来一阵飞絮，也吹动了长发，好像还有一段乐曲飘进耳旁。

这一切的源头就在上海音乐学院。学校并不大，走进校门你几乎就能一眼望到边。除了随时飘进耳朵的各种音乐，那些被音乐环绕的建筑也颇有看点。流动的音符和凝固的建筑，哪一个更有韵味？或许还是把它们当作整体来看吧。

学院里老建筑的重点无疑是紧靠门口的"犹太人俱乐部"和"花园住宅"。红白相间正对校门的是"犹太人俱乐部"。这座建筑并无对称设计，甚至墙面颜色也一会儿红一会儿白。正面看，宽大的落地玻璃一定能让屋子充满阳光。侧面还设了拱起的弧形阳台。背面则有考究的立柱长廊和学院的音乐厅相

🏠 汾阳路20号

连。相关资料显示，音乐厅前身也是"俱乐部"建筑的一部分，是21世纪初时在原址上改建的。从中不难想象俱乐部本来有更大的规模，也可见当时犹太人在上海聚居的盛况。

从俱乐部门前的小径往里走可以看到"花园住宅"就躲在边上。这个带有一些童话般的北欧风格建筑和周围的绿化有机地融为一体。阳光洒到它陡峭的坡顶，为一个个活泼可爱的老虎窗镀上金光。坡顶下的二层有宽大的长廊，用木结构支撑。再往下到了底层倒是表面用水泥拉毛的砖墙。其间开了数个半圆拱券门洞和窗洞，上面还有深色的毛石间隔点缀——就像是日出时刚探出身的太阳。

伴着学院里的音乐声你还可以在学校里四处游荡。跑上餐厅那幢大楼可以从高处俯瞰绿丛中的"花园住宅"，感觉就像是一个指挥家，看着自己的乐队。或者傍晚跑去学院摩登的主楼前的广场坐下，静静聆听这座现代建筑的吟唱。这时的太阳会斜斜地打在它"曲折"的身躯上，也悄悄落在长廊里休息的音乐才子的脸上，似乎一首小夜曲即将上演。

你也别忘了往停车场方向望几眼，一桩同样精彩的老洋房矗立在夕阳中。这栋风格独特的老楼现在是一家餐厅，受到商业经营及露天停车场的影响，风格有相当程度的改变。好在风骨犹存，值得你静静守候。如果还有空闲时间，漫步音乐学院地下层的琴房也是一种艺术享受。走累了还能在琴房中的咖啡吧小坐，等待琴童为你免费演奏一曲。喜欢建筑的还可以穿过马路到学院对面的汾阳路花园酒店去欣赏著名建筑师邬达克的作品。

39

上海微旅行 漫游这座城

⑤ RZ 油画工作室

在工作室里假装自己是凡·高 ▷

　　在复兴中路，高大洋气的老洋房身影中也有小小的趣味空间。RZ油画工作室就是这样的地方。躲藏在一个算是落魄的老洋房里，油画工作室总共也就十几平方米。不过主人张老师却热情、愉快地生活着。他的画笔从没有停歇过，工作室的墙上、地上都摆满了油画。

　　张老师的油画是印象派风格，并带有一些中国画中的写意风格。"最早是在田子坊，后来房价上去了就撤出来了。"原来他也是田子坊初创时期众多画家中的一分子。因为田子坊的商业开发使得房租高涨，他和许多其他画家一样无奈之下撤出田子坊。这个老楼一层的小空间，房租并不算高。房子虽然小，

上：放在画室中的画作
下：创作艺术的工具

40

东湖路·绍兴路

但周围环境很安静,很适合创作。周围还有着许多像他这样的简单的工作室,由于这里靠近上海音乐学院,所以大部分工作室都和音乐或乐器制作有关,这样一来油画工作室反倒特别显眼。

几年前一个偶然的机会,他教了几个老外画油画。没想到学生介绍了越来越多的人来学,在文艺青年中扩大了知名度,反过来促成好多的油画生意,于是他就抽出周末时间来做教学。他说,倒也不是为了挣钱,一来是给年轻人一点文艺熏陶,二来让自己认识更多朋友。

现在每个周末都有两三个学生来学画,基本都是零基础的。一堂课也就两三个小时,保证能有一幅还不错的作品带走,学生们都很有成就感。其中许多人坚持了一年多,作品已经非常棒了。"好的已经是大学二年级水平了!"张老师指着地上一堆"印象派"作品肯定地和学生说,只要来学都能达到这样的水准。看来安静地做一个凡·高并没有想象的难。

全心教学生作画的张画师

徐汇区复兴中路 1365 号

41

⑥ 上海工艺美术博物馆

钻进装饰艺术看工艺美术 ▷

工艺美术博物馆是一个很特别的博物馆，其中一个主要原因就是它的主体建筑原是法租界公董局总董官邸，外形有点像白宫，所以有上海"小白宫"之称。"小白宫"是极致优雅的建筑，因为圣洁的白色，远看就好像整栋楼都是汉白玉做的。仔细打量你会发现到处都是华丽的装饰，雕梁画栋间似乎回到了文艺复兴的年代，每个参观者都要在草坪上对它行注目礼。正中间鼓起的半圆封闭阳台让人想起了远古的欧洲城堡，阳台两边还有回旋而上的石阶梯画着美妙的弧线，阶梯交会处一只雄狮浮雕注视着草坪上的一切。

走进这座"白宫"，除了能看见考究的内部装饰，你还会沉浸在精美的工艺美术作品中。展品基本能代表中国工艺美术的最高水平，许多东西都是难得的精品。很多参观的外国人都为展品震惊。

地上二层和地下有绘画、扎纸、刺绣等工艺品制作流程的展示。作坊里的工艺家们都在工作着。你可以和他们聊聊艺术，还可以和剪纸、扎彩灯的师傅回忆儿时的甜蜜时光。另外这里做出来的工艺品都可以购买，有几十万的天价艺术品，也有几十块的兔子灯，每个人都能找到适合自己的小玩意。

工艺美术馆门票只需8元，让你能在欣赏"小白宫"的同时了解工艺美术，同时还可以选购许多心仪的小物件。

汾阳路79号（永康路与太原路之间）

⑦ 仙炙轩与宝来纳

在花园洋房里来杯德国啤酒 ▷

汾阳路上的仙炙轩和宝莱纳所在地也可以进去小憩一下，这是两个聚餐的好地方，据说两个餐厅为同一个台湾的老板所开。两个餐厅"亲密地"共用一个公馆。新中国成立前这里只属于白崇禧一人。他的儿子白先勇还专程赶来寻找儿时的回忆，可惜已物是人非了。

如果你像白先勇一样走进这里，可以先往仙炙轩的花园走。在流动的人造瀑布前白公馆在树木间若隐若现。不知道白先勇当时回忆起多少往事，即便在旁人看，变化恐怕也很大了。只有侧面拱起的阳台和二层保持着原样，一层被改成全落地玻璃的现代风格，这恐怕不是白家乐见的。也许白先勇就坐在玻璃窗下望着这个熟悉地方，回忆童年怎样在花园里玩耍。

仙炙轩的菜虽然做得不错，但毕竟价钱辣手，更何况不是吃正餐时去拜访就不合时宜了。边上的宝来纳倒是小坐的好地方。手拿一杯来自慕尼黑的啤酒，慵懒地享受午后的阳光，喝一口啤酒再抬眼望一下白公馆是最经典的场景。

徐汇区汾阳路 150 号（近桃江路）

公馆里面的环境

⑧ 爱庐和东平路

一条路也许就是一个民国 ▷

　　东平路仍旧是汾阳路的味道。这里有一个老房子叫作爱庐，它是上海人耳熟能详的著名洋房。

　　爱庐现在是上海音乐学院附小，上海许多音乐人是从这里走出来的。历史若是倒回几十年，这里走出来的是中国现代史上两个重要的历史人物——蒋介石、宋美龄。爱庐是他们结婚后在上海的家。有趣的是这个房子并不是蒋介石自己购买的，而是宋美龄的陪嫁。

　　这座爱庐结构复杂，建筑平面呈曲尺形，使正立面分成纵、横两个部分。横立面在右，竖三段布置，中间突出，一、二层都作大拱券，一层为门廊，二层为阳台。建筑的装饰也让人眼花缭乱，宝瓶式栏杆、方形窗户、拱券门洞、孟莎式屋顶、粘卵石外墙都能在它身上找到。在花园里你甚至还能找到刻着"爱庐"字样的假山，据说还是蒋介石亲笔所题。

宋美龄曾经多次说过："上海是我的第二故乡，我对它有特殊的感情。我爱恋它，更甚于自己的祖籍地海南岛。"蒋介石把庐山牯岭别墅称为"美庐"，把杭州西湖的别墅称为"澄庐"，把上海这所住宅称为"爱庐"，可见这栋房子对他们有着不一般的意义。

东平路在爱庐之外还有十几幢花园洋房。有趣的是它们大都是民国初四大家族的房产，多数还是自住的。不难想象蒋、宋、孔、陈同时出现在东平路也不是什么稀奇事。在当时这条路聚居着民国最重要的权势人物，说一条东平路就是一个民国也不为过。

走出爱庐可以再去东平路上席家花园看看，一来是座有名的老洋房，二来它曾是上海最杰出的本帮菜饭店。现在有越来越多的人抱怨它的菜式质量下降不少，不过作为席家菜的发源地，它的老上海情调还是独树一帜的。东平路看完了，别急着离开，周边的岳阳路、桃江路也是上海最有情调的小路，可以去逛逛。

> 徐汇区东平路9号上海音乐学院附中（近衡山路）

⑨ HLK

让你彻底放松的早午餐 ▷

在永康路的边上，逐渐热闹起来的嘉善路也迎来一批美食创业者。HLK 就是其中的佼佼者。它的老板是加拿大华裔——文龙，为人谦和、会法文的文龙。40岁不到的他已经有了20多年从事餐饮行业的经验。此前他在加拿大已经有几家不错的餐厅，因为妻子是上海移民到加拿大的，所以他有机会到上海探亲、游玩。一来二去他就爱上了上海。"上海人比较多，很热闹，不像加拿大那么冷清。"上海充满人情味的街市风情一下子吸引了他，促使他放弃加拿大的事业扎根到上海。

文龙的店面积并不大，简洁、干净、轻松是客人对店里的第一印象。但就是这么简单的设计却吸引着一批食客，他们最爱的是这里的早餐。那是一种简单、健康却回味十足的美式风

🏠 嘉善路99号

格早餐。早餐中本尼迪蛋是本地食客的大爱，单面煎的蛋，蛋白滑嫩，蛋黄则保持流体状，上面覆盖厚厚的蛋黄酱，再加一层烟熏三文鱼或培根，最后在底下配上口感细腻的面包片。吃的时候可以将蛋黄破开，让其留出和蛋黄酱混合，口感层次更为丰富。

　　尽管吃的是西式早餐，但餐厅始终保持一种轻松氛围。文龙说，他在上海去过好多不错的餐厅，但他觉得气氛都太拘谨、严肃，他的目标就是把一种轻松氛围中品尝美味的理念带到上海。因此在HLK你可以穿着T恤来，可以和老板聊天、开玩笑，或者三五好友谈笑风生，不用担心破坏餐厅的氛围。

令人不忍心下口的美食

上海微旅行 漫游这座城

⑩ 永康路酒吧街

让洋人占据的石库门街头 ▷

如果你想看一个奇妙的景象，那么最好在一个有阳光的周末午后来到永康路。让你大开眼界的是一条布满酒吧的上海老马路——永康路。更让你吃惊的是一拨拨老外如麻雀般挤在这条本就不宽敞的马路两边。"哎，我这是在哪儿？"初来乍到的人总是这样发问。

实际上永康路的酒吧只集中在嘉善路至襄阳南路一段。在这段不足 200 米的路上，酒吧一家挨一家紧紧依偎着，几乎没有空隙，只要对着街面必定开酒吧。为了享受阳光，人行道上摆满了桌椅，阳光斜斜洒下来在地上留下长长的影子。中外面孔一起在这里享受午后的阳光，他们一抬头就可以看到二楼之上同样在晒太阳的"万国旗"。

漂亮的水烟

🏠 上海市徐汇区永康路

东湖路·绍兴路

上：永康路的街口
下：在街上互相交谈的外国友人

到了周末，老外们从四面八方聚拢来。骑自行车的、步行的、打车的统统向这里进发，路面顿时挤得水泄不通，站在马路中间只听到叽叽喳喳的说话声，却一句也听不清楚。

其实这里是上海最具有市井气息的地方之一，你只要看看那些残旧的石库门就明白这里是上海弄堂的地盘。只是过一条街，早点摊也生意红火的；街头本地爷叔们露天斗地主，三五成群地至少开个三四桌；超市门口收废纸的商贩照例会每天来给废纸浇水，这让一段马路总是湿答答的；学生们放学后会在同一条街上寻找他们的美食；本地小店都经营得很精彩。

就是这样西方的酒吧社交和本地的市民生活交融在一起。白天那些谈笑风生的老外还没醉时，两边相安无事。可是夜深后，烂醉如泥的"歌唱家"、兴奋过头的"格斗家"总是矛盾的制造者。冲突有时在所难免，但日子总在继续，在有钱赚的魔力下两者恐怕还会在矛盾、冲突中继续并肩同行。

49

⑪ 石库门家庭博物馆

告诉你石库门的生活 ▷

石库门是上海本土最标志性的建筑。一个个石库门弄堂里走出的人总带着上海本土文化的烙印。那么石库门是什么样的？在里面的生活究竟如何？去一次石库门家庭博物馆便能知晓答案。

"不好意思，我们要拍电影了，东西都搬空了！"当我们第一次探访石库门家庭博物馆时，恰巧遇上微电影拍摄，看守博物馆的志愿者向我们解释为什么客堂间空空如也。

其实这倒也不妨碍观察这栋上了年纪的石库门。这个石库门的天井里罕见地长着一棵遒劲的树，枝丫在天井的空中"盛开"。有一部分天井搭建了厢房，客堂间的老物件都被堆到了这里：古老的台灯、拨号的电话、有点历史的瓷器、马桶、痰盂……最吸引人的是一个家族的照片展示墙。它将这家人祖先的事迹从清朝末期开始逐一介绍过来。原来这家人也是书香门第，也曾有过做官的大人。据志愿者说房子现在的主人是华师大的老师，也算是保持了门第的优良血统。

石库门家庭博物馆

东湖路·绍兴路

除了各种老器物，客堂间墙有一部分特意将涂料去除，裸露出的砖头和木柱很是特别。这个半裸的墙面展示了石库门的砖木结构。仔细看那根木柱许多地方已经腐朽了，隐约有不牢靠的感觉。

如果你习惯爬楼梯，可以拾级而上。穿过狭窄、陡峭的木楼梯，伴随着一路吱吱呀呀的响声，可以一路走到亭子间。矮小、局促的空间给人强烈的压迫感。只有二层的晒台才能让人有透一口气的感觉。更有趣的是隔壁人家养了好几只有趣的小鸟。八哥在学人说话，黄鹂鸣着小曲，其他鸟儿也跟着哼唱起来，宛如剧院里上演的交响乐。在压抑的空间里，石库门的人们一直保持着乐观的生活情趣。遛鸟就是弄堂里最常见的娱乐之一，除此之外成年人还会养虫、养狗等。于是过去弄堂里常见一边是婆姨们拎出马桶、痰盂搞卫生，一边是爷叔们遛鸟、遛狗、斗虫的生活场景。

不过今天这条石库门弄堂里已经没有人倒马桶、痰盂了。因为卫生设施已经在数年前统一修建了。这个与时俱进的卫生设施可以在博物馆的厨房间得到印证。尽管马桶和淋浴挤在一个小的空间里，但从倒马桶到抽水马桶可算是一个质的飞跃。

🏠 永康路 38 弄 35 号

最吸引人的是一个家族的照片展示墙

51

⑫ 上海理工大学

复兴路上的普鲁士净土 ▷

复兴中路是条繁忙的街道，每天上演着上海闹市应有的忙碌。然而1195号大门里却是另一种安静、祥和的氛围。那里就是上海理工大学的中英国际学校。更令人神往的是那里的草坪边、操场边、道路旁矗立着数座普鲁士风格的建筑，俨然是上海闹市中的一片普鲁士净土。

一进入校门，就能看到干净的校园小径在绿油油的草坪和一栋栋红白相间的普鲁士建筑中曲折、迂回。众多普鲁士建筑中工科讲堂最为经典。红色的砖墙是它的主体结构，同时部分白色墙面和红砖形成强烈反差。中间的主入口，塔司干式柱撑起门廊和阳台，往上还有白色半圆形、带着波纹的小老虎窗。若是从背后看过去，中间部分则是更为奇妙的德国式圆弧形老虎窗，这种设计更像是将一座塔楼镶嵌在其中。

🏠 徐汇区复兴中路1195号

上海理工大学中英国际学校的建筑

步入楼内，精美的格子花纹地砖铺满走廊，阳光从长方形和圆形的磨砂玻璃中透出，温柔地投到地砖上。窗户外是一片树木，树叶贴在磨砂玻璃上形成或深或浅的投影，宛如一幅杰出的印象派画卷。再踏上二层，开阔的百叶窗像是一个个画框，框出一幅幅美丽的普鲁士风景画。地砖上则投影着雕花铁栏杆复杂、美丽的身姿，此刻游人仿佛置身在一个普鲁士王朝。难怪1995年出版的一期德国杂志在《建筑，德国在中国的明显影响》一文中，将这幢大楼作为在中国的普鲁士建筑风格的标志。文章这样描述：在上海"万国建筑博览会"中，这幢大楼可称得上是一座仅有的普鲁士风格的公共建筑，这幢大楼无论从建筑结构、建筑风格和历史的角度观察，都蕴含不少历史文化沉积，是上海近代的优秀建筑，是珍贵的文化遗产。

除了这座经典的大楼，学校的其他建筑大多数是20世纪初建成的普鲁士风格建筑，它们把整个校园装扮成一个"普鲁士中心"，当时的一草一木都由德国人操办，甚至惊动过德皇威廉二世。后来中国人也投资了这所学校，开创了中西合作办学的典范。

而今天，就在工科讲堂外的草坪上，中外学生在红叶翠柳下谈笑风生。新时代下，中英国际学院已经开办多时。从中德到中英，历史夸过了一百多年，上海的中西合作办学风气，在同一个空间的不同时间上神奇接轨了。

⑬ 绍兴路

飘着书香和咖啡香的文艺之路 ▷

绍兴路不用多久就可以俘获文艺青年的心。那些透过梧桐树点点滴滴的阳光洒到粗粒的砖墙上，也洒到进出这里的文化人的身上。这里有一个新闻出版局，三四家出版社。比较出名的文艺出版社和上海人民出版社各自占据着自己的老房子。记不清有多少文人骚客、专家学者从这里去了又回，也不知道有多少书伴随着楼道的吱吱呀呀声来到读者面前。

路过出版社怎能不泡书店。出版社边上就有书店，偶尔还有折扣。现在上海实体书店越做越少，能在梧桐树荫下、洋楼旁手捧本书可算一件文艺范的乐事了。更有范的是到汉源书店坐一坐。是的，坐一坐！虽然叫书店但其实更是个咖啡馆。古朴的书架上堆满了书，其余空间摆满了古董般的桌椅。这里有种气氛能让人安静地读书，累了喝一口咖啡，看一眼悄悄落下的树叶，世间纷扰瞬间和你无关了。

汉源书店的内部环境

东湖路·绍兴路

　　汉源书店旁边还有一家维也纳咖啡，就味道而言胜过汉源，是难得味道和环境都上好的咖啡馆。此外甜品、沙拉、早午餐都是正宗的欧洲味道，引得无数老外来这里品尝。如果汉源适合一个人来，那么维也纳咖啡是适合情侣或三五成群的朋友度过欢乐时光的好地方。

　　继续游走你还能在绍兴路上有更多惊喜地发现。他们可能是高品质的茶艺馆，或是另一个精致的咖啡吧，也可能是高格调的画廊，说不定还能听到老洋房里讲述杜月笙和他母亲的故事。

　　去绍兴路漫步，等待触动你的那一抹风景。

上海市黄浦区绍兴路

上海微旅行
漫游这座城

襄阳南路435号（近建国西路）

⑭ 生煎锅贴

两人一铺——闹市里最后的传统生煎 ▷

它的门面小到只能放下一个炉子

　　初见"生煎锅贴"你一定觉得它很普通，普通到没有一星半点能吸引路人的元素。的确，从外观上来分析，生煎锅贴实在不值得一提，它的门面小到只能放下一个炉子。这里不能堂食，因为几平方米的空间放下原料、工作台加上两个师傅就不剩什么了。坐在外边？对不起，他们不提供座位。你唯一能做的就是打包带走。

东湖路·绍兴路

偏偏就是这个看着油腻腻的小店一直深深吸引着食客们。来自隔壁街理发店的理发师骑着电动车来买生煎，居然忘记带钱。还好是老客户，老板爽快地说："下次给我吧。"在岳阳路居住的阿姨骑着自行车来，为了给退休的老干部婆婆买她最爱的生煎。"老人家奇怪了，别家的不要还就认准这家，没办法，老人家喜欢再远也要来买咯。"阿姨说老人已经吃了十几年这里的生煎了。更远的是来自香港地区著名的食评人，带来采访团队把生煎锅贴介绍到香港。

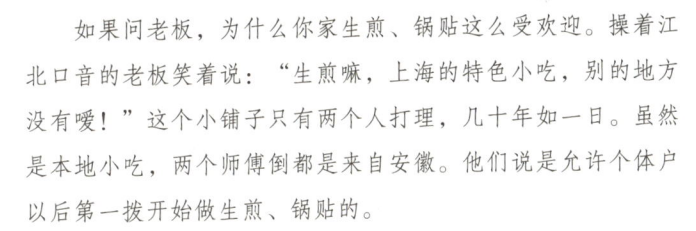

如果问老板，为什么你家生煎、锅贴这么受欢迎。操着江北口音的老板笑着说："生煎嘛，上海的特色小吃，别的地方没有嗳！"这个小铺子只有两个人打理，几十年如一日。虽然是本地小吃，两个师傅倒都是来自安徽。他们说是允许个体户以后第一拨开始做生煎、锅贴的。

仔细尝过他们的生煎你会发现，皮子很薄，咬下一口汁水就顺着破的地方留出。而最底部的焦黄火候正好，口感松脆，带着香味，这是标准上海生煎的精髓所在。一两生煎才3块钱，如果要盒装加5毛钱，绝对的价廉物美。另外如果你要怀旧，不妨用老式的黄色纸袋子，一下子能把你带回上海"80后"的童年时代。

正吃着，老板又一锅生煎、锅贴下锅了，来买的人又排起了长队。这是上海几十年前司空见惯的场景，近年来却越来越少见。这个铺位也面临着无人接班的窘境。"干这个太累了，年轻人都不愿做啊！"师傅一边转着生煎炉子一边笑着说道。

引人垂涎的生煎

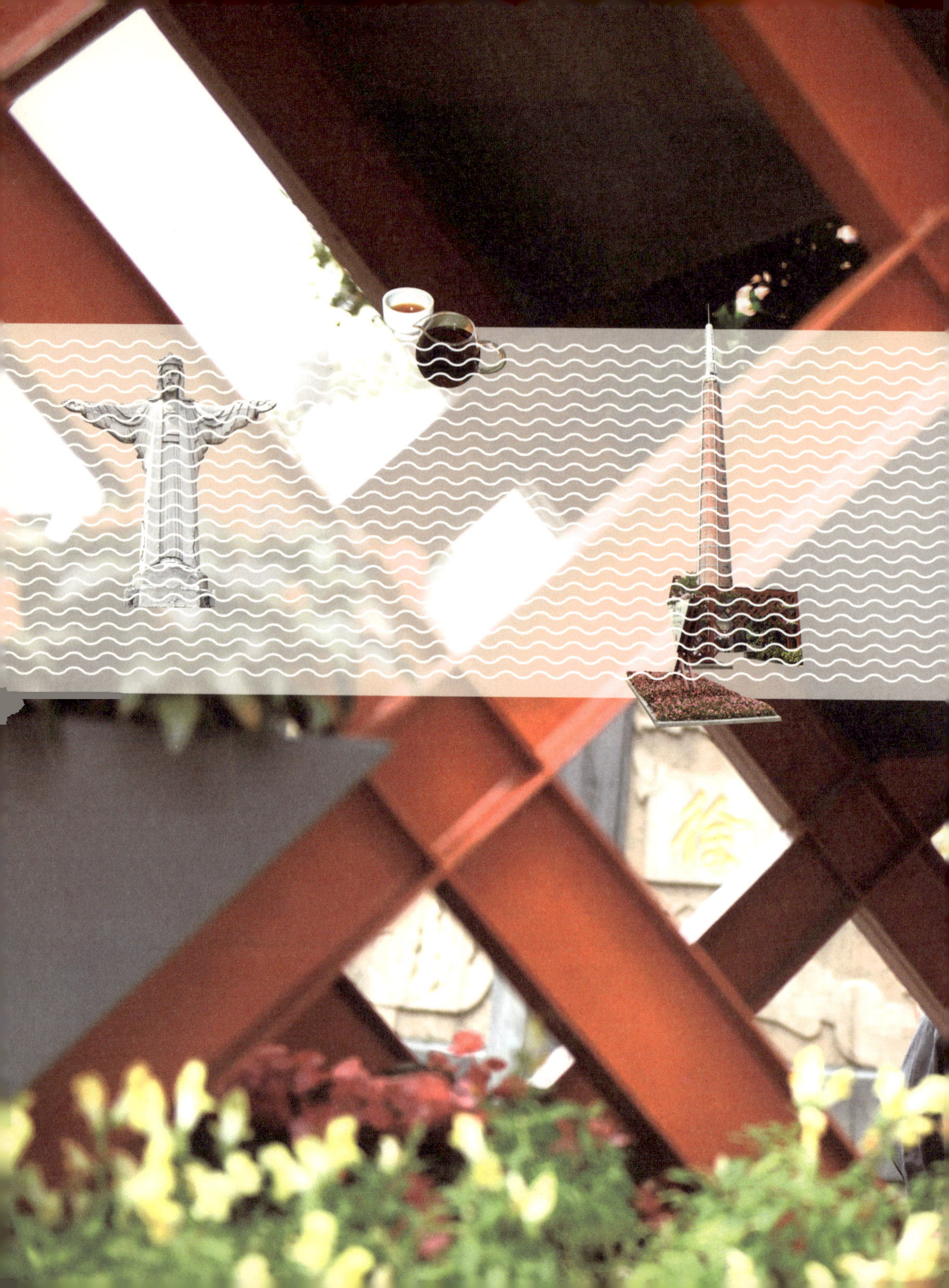

衡山路·徐家汇

衡山路上的一幢幢洋楼是当年闯荡上海滩的冒险者们成功的标志。许多现代化的公寓则是上海中产阶级崛起最有利的证据。这里的小红楼、衡山坊里曾经孕育着现代意义上的中国音乐、电影文化，那是开埠后文化的第一次飞跃。

不泡吧的衡山路

知了茶馆的普洱茶

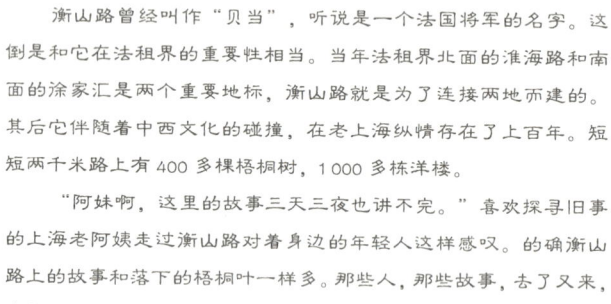

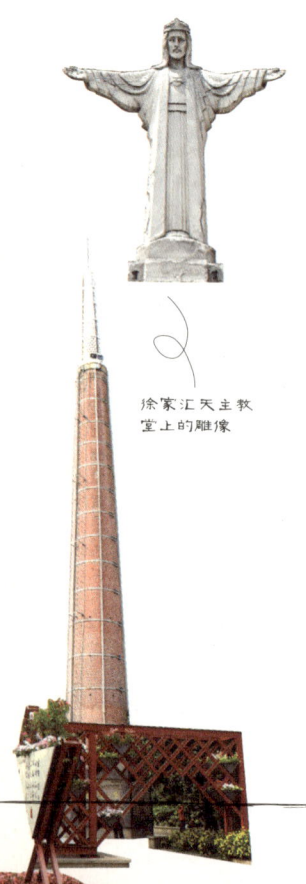

徐家汇天主教堂上的雕像

一条衡山路总是能牵扯出太多的老上海故事。

衡山路曾经叫作"贝当",听说是一个法国将军的名字。这倒是和它在法租界的重要性相当。当年法租界北面的淮海路和南面的徐家汇是两个重要地标,衡山路就是为了连接两地而建的。其后它伴随着中西文化的碰撞,在老上海纵情存在了上百年。短短两千米路上有400多棵梧桐树,1000多栋洋楼。

"阿妹啊,这里的故事三天三夜也讲不完。"喜欢探寻旧事的上海老阿姨走过衡山路对着身边的年轻人这样感叹。的确衡山路上的故事和落下的梧桐叶一样多。那些人,那些故事,去了又来,来了又去。

衡山路的故事很久远,可以从明朝开始。在还没有法租界的年代里,徐家汇已经和法国传教士、天主教水乳交融。几百年后这条路的两头出现了两座教堂:徐家汇天主教堂和基督教国际礼拜堂。一样的哥特式,却是新旧两代基督教。最初天主教的传教士带着宗教虔诚地在徐家汇撒播宗教文化的种子。几百年后,经历宗教革命的资产阶级继承者们用武力又回到这里,并划出法租界。更巧合的是在经历几十年沉寂后,它最先成为改革开放后西方生活方式的"代言人",那些充斥着高消费的洋楼酒吧,沐浴在南方春风中,曾经营造一个独立于这个城市的生活圈。今天,这些纸醉金迷的酒吧要么被遗忘,要么在孤独的洋楼里独自沉沦。现在,人们不需要在衡山路寻找所谓"先进""洋气"的生活了。衡山路似乎又站在十字路口寻找它下一个出口了。

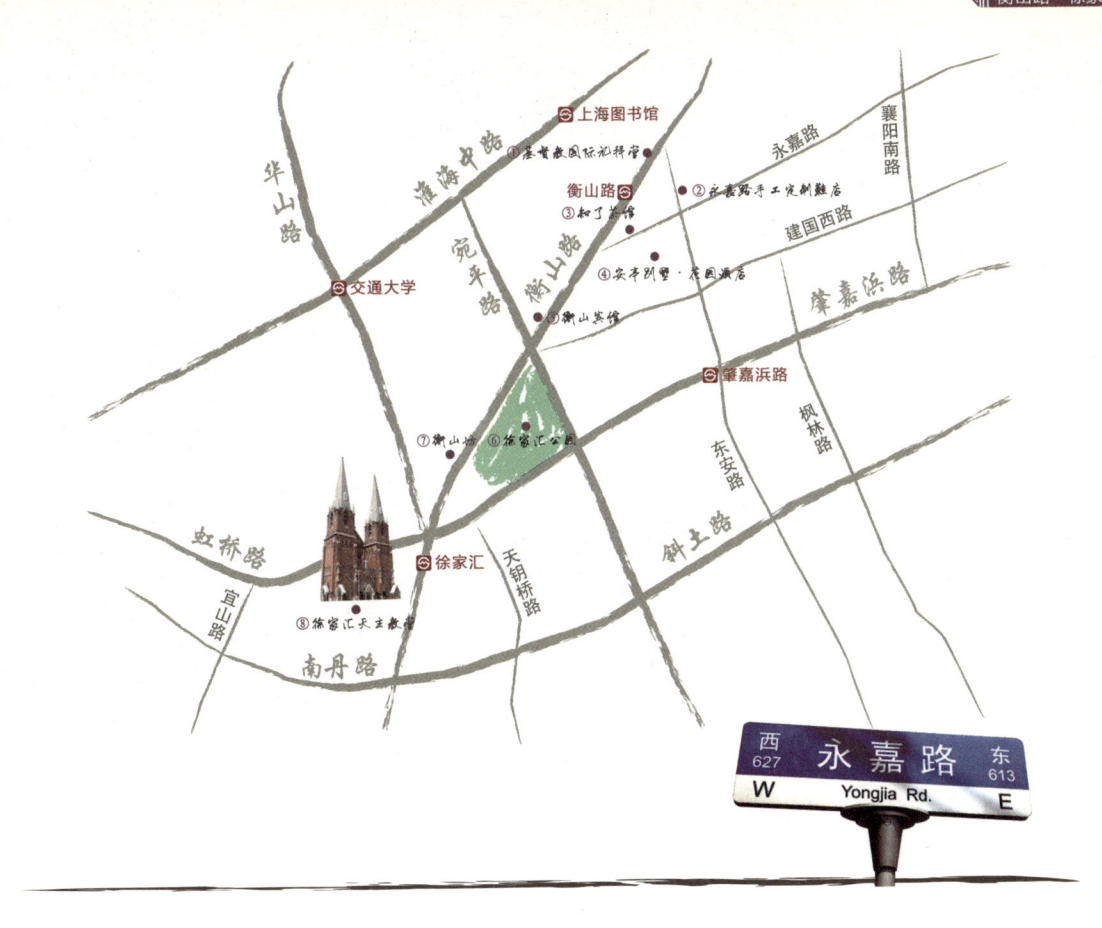

衡山路·徐家汇

▷ **起始地**
基督教国际礼拜堂

路线：①基督教国际礼拜堂—②永嘉路手工定制鞋店—③知了茶馆—④安亭别墅·花园酒店—⑤衡山宾馆—⑥徐家汇公园—⑦衡山坊—⑧徐家汇天主教堂

◎ **终点**
徐家汇天主教堂

61

① 基督教国际礼拜堂

绿色中的信仰守护者 ▷

穿过西班牙式的花园洋房、树影婆娑的林荫大道和懒散的户外咖啡座，一个木十字架高高矗立在衡山路、乌鲁木齐南路转角，见证着这座城市对信仰的守候。那里是基督教国际礼拜堂。

平时，黑色的铁门严守着宗教场所的清规戒律。你可以把视线穿过门上的十字架，投到红色的墙上：一个大大的坡顶指向天空；绿色的爬山虎爬满了墙体，像是给教堂穿上了礼服；拱外是同样孤独的半透明雨棚，遇到下雨天雨点会在上面自由的滑落；雨棚上面是用流畅的纹路装饰的弧拱形窗户。仿佛吹来了一阵哥特风，让人恍惚间来到中世纪。

平时，黑色的铁门严守着宗教场所的清规戒律

衡山路·徐家汇

若是周日，你可以踏入它瑰丽的礼堂。大堂外两条长廊分立两侧，高大的尖拱一个接一个排列着，对称而均匀。大堂底部是庄严的祭台，管风琴在旁边奏响完美的乐章。祭台后高大、细长的花玻璃透出三道光和隐约的树影，有着神秘哲学的韵味。随处走走，脚下踩着磨石子地坪，耳边传来圣诗，崇拜信仰的人们和建筑共同营造了一个和谐的氛围。

国际礼拜堂是20世纪20年代美国人的杰作，可能是上海最大的新教教堂。至今散落在海外的堂友都会常回来看一眼，卡特等好多名人都曾在这里参加过礼拜，也有很多人喜欢在这里举办婚礼。

几十年来它变化不大，即便衡山路酒吧街兴起时它依旧如故。当衡山路热闹的酒吧沉寂后，今天的它还是原来的样子，静静地等着前来礼拜的信徒。

大堂底部是庄严的祭台，管风琴在旁边奏响完美的乐章

徐汇区衡山路53号（近乌鲁木齐路）

上海微旅行 漫游这座城

② 永嘉路手工定制鞋店

像恋爱一样挑一双手工鞋 ▷

　　沿乌鲁木齐南路出发从衡山路往南走，第一条马路就是永嘉路。这人来人往的马路因为一些有趣的小店显得与众不同。

　　仔细看看，拐角上沿街的老房子开了许多小店。除了很"草根"的烟杂店、五金店，还有精致的手工定制鞋店，而且不止一家，从乌鲁木齐南路拐到永嘉路少说也有四五家。这些店店面都不大，但清一色地用了落地窗门面。这让行人"望眼欲穿"。阳光或射灯准确地打在一双双漂亮的皮鞋上，锃亮的皮革闪烁出耀眼的光芒。它们安静地陈列着，尖头的、方头的、系鞋带的、镂空的、带花纹的……好像是画廊里一件件的艺术品。

每一双都是手工制作，从皮革到做工都精挑细琢。

它们的自信来自鞋匠不凡的手艺。每一双都是手工制作，从皮革到做工都精雕细琢，绝无马虎。这里没有一双鞋是相同的，讲究的就是一个"私人定制"。上海总是不缺讲品位的人群。上海人潜意识里认为体面得从脚做起，没有一双有品质的鞋是万万不能在上海滩混的。所以定制鞋店虽然店面不起眼，倒也有一批稳定的客源。

上门的客人不一定真有明确需求，可能只来看看样子有没有合眼缘的。若不是非常熟的老客人，老板绝不会急吼吼地迎上来，而是让你静静地自己琢磨。这里挑鞋子好似谈恋爱，第一眼的感觉很重要。"我就是来看看，如果有第一眼就看中的，或许会做一双。就喜欢突然打动自己的感觉。"常来光顾的一位顾先生觉得：看鞋就像相亲，需要有触动的感觉，才会带回家。

阳光或射灯准确地打在一双双漂亮的皮鞋上，锃亮的皮革闪烁出耀眼的光芒

做一双鞋可不是简单的事，挑料子、量尺寸、定鞋样……拿到手至少要等一周的时间。漫长的等待反而会在鞋穿上脚时拥有更多的惊喜感。在快节奏的上海，这种慢工细活的精致简直像是回到了一个世纪前作坊大行其道的年代，甚至拿到鞋子的那一刻还有一股透着鞋匠体温的温馨。

在快节奏的现代商业城市中，去寻觅一双手工鞋是难得的奢侈，奢侈的并不是物质，而是人与人不疾不徐的交流，是人和物的手工磨合，是可以忘记时间的悠然。

永嘉路与乌鲁木齐南路路口

③ 知了茶馆

听着知了声品茶 ▷

在永嘉路不起眼的门面里常有大乾坤，知了茶馆就是其中的代表。

茶馆门面并不大，雕花的铁门静悄悄地敞开着。这个开在法租界花园洋房里的茶馆透露的低调素雅之气吸引着茶道中人。踏进带着立柱的房门，总有能打动你的细节。

"你好！"服务员穿着古色古香的麻质衣服细声细语地和客人打着招呼。这里确实不宜大声说话。前台一壶白茶冒着热汽，还有一缕清香飘满了屋子。墙边多宝阁中放着紫砂壶、古筝、瓷器和花花绿绿的茶盒。房间装饰简约，木桌子搭配绿色长靠背沙发椅和黄色长排沙发，除此之外几乎没有多余的家具，这让四面白墙上的色彩丰富的油画特别显眼。老板本身是艺术家，也经营艺术品，墙上的画不仅可以欣赏也能买回家收藏。

这个开在法租界花园洋房里的茶馆透露的低调素雅之气吸引着茶道中人

衡山路·徐家汇

安静的茶馆里，茶自然是主角

房间的一面墙处理成了落地窗，因为外面便是绿油油的小花园，花园不大却草木颇丰，这让露天座都好似藏身绿色之中。若是大雨过后，湿漉漉的花园会铺满落叶，诗意浓浓。而在夏天，绿荫下，茶香中，阵阵知了声可以化解一个夏天的"火气"。

安静的茶馆里，茶自然是主角。来自云南的老板亲自奔赴各个茶叶产地挑选以保证茶叶的品质。同时套餐中的四份小茶点是最大亮点。最受欢迎的是本地特色的葱油拌面。这里的葱油拌面，面有嚼劲，口感爽滑，葱油的香味浓郁，酱油浓度正好能刺激味蕾，又不至于过于浓郁。在上海如此正宗的葱油拌面已经很少见了，没想到云南茶人倒是拾起了这门手艺，也算是奇妙的"相遇"吧。

永嘉路689弄1号
64458830

④ 安亭别墅·花园酒店

红叶下的西班牙塔楼 ▷

一旦你踏入安亭别墅花园那道铁门，右手边草坪后的西班牙风格的大楼就会吸引你的注意力。一片绿色之后是一个极其对称的洋房。三层楼高的洋房有着平缓的坡顶，顶上开着三个老虎窗。屋檐下波浪形的装饰十分典雅。三层楼各有不同造型的窗户，最美的莫过于第一层的拱形窗户，中间有三个拱门，拱门内是突出的长廊，廊的两面蔓延出装饰着石柱的阶梯。

你也许会想着穿过草坪接近这栋可爱的建筑，但别着急，它并不是最值得留恋的历史建筑。你大可以沿着草坪边缘往前走，不一会儿，酒店新大楼就会出现在左侧。而它的对面——巨大的树木丛中就藏着安亭别墅，一个20世纪30年代西班牙风格的杰作。

中间有三个拱门，拱门内是突出的长廊

衡山路·徐家汇

或许树木遮挡了它部分"英姿",你看不清它的对称结构,但你一定会留意到它突出的转角塔楼。这是西班牙建筑中最"活泼"的部分,它不太"安分",明明已经有了对称结构,平缓的坡顶,红色的筒瓦,三个坡面的老虎窗,还要另辟蹊径地凸出一块来。这凸出的部分上下还不同,上层是八边形,下层是圆形,而屋顶则是圆锥体。塔楼的中间还有白色圆卷装饰。乍一看塔楼就好像是一个冰激凌蛋筒,最顶端的冰激凌正在融化。

传说这座楼原来是刘公馆,造价不菲,不仅外观美妙,内部设计也异常精美新颖。据说当时它的内部房间多为硬木平顶;地面要么铺细纹檀木,要么大理石开路;楼梯踏步则清一色花岗岩;古铜色的壁灯尽显奢华之气。不过刘公馆到底属于哪一位刘姓主人至今还不可知。唯一可以肯定的是它的设计者是李锦沛。这个从美国名校走出来的"学霸",设计过的项目大有来头,最有名的就是纽约时报大楼和南京中山陵。

现在这座洋房已经是酒店内的一家高级餐厅,所以大家评论它都以"听去吃过的人说"开头,以"环境不是一般的好"结尾。

其实它只不过是安亭路洋楼的冰山一角。慢慢走完这条小路,你会发现不下5处洋楼。从新古典主义到英伦、巴洛克等风格的建筑都在短短300米的路上。若是有机会一定要等到秋季走一遭。届时乌桕的红叶正盛,枫叶会把洋楼和马路装扮得分外妖娆。红叶配上黄色墙壁,红色屋顶的西班牙风格洋楼美得像一幅油画,引得路人慢慢走、慢慢看,悄悄珍藏在心底。

巨大的树木丛中藏着安亭别墅

别墅里的古典实木门

安亭路46号

⑤ 衡山宾馆

起起伏伏的现代派"钢筋铁骨" ▷

衡山路到了宛平路徒然成了一个多条道路交会的枢纽。在这个繁忙的地方，一幢挺拔的高楼最抓人眼球——那就是衡山宾馆。

"这幢楼很棒啊，是老楼！"看见有人拍摄大楼，对面公园的保安总要上来赞叹两句。坐在喷水池石台上休息的人聚集起来问他："到底是什么时候建的呢？"这倒把保安给难住了。

其实只要在大楼脚下驻足仔细找找就能看到一块标着年份1934年的铭牌。这个年代上海还流行着装饰艺术风格，尤其是法租界一带，繁复的装饰设计随处可见。但衡山宾馆却很特别——干净利落、高大雄伟，像一个君王俯瞰着大地。

其实只要在大楼脚下驻足仔细找找就能看到一块标着年份1934年的铭牌

衡山宾馆其实是上海最早开始使用现代主义风格的建筑之一。它的诞生要从20世纪20年代万国储蓄会讲起。这个储蓄会由法商发起，与一般储蓄不同，它的储蓄20年到期，一次性偿还本金、利息、红利，期间也会有奖金发放。其实很像基金，而它主要的投资是上海的房地产。它兴建的资本来自法国金融机构，它的设计师米由第同样来自法国。这位倡导现代主义建筑的设计师给法租界吹来了简约的摩登公寓之风。

直到20世纪50年代，衡山宾馆还是一幢住宅楼，60年代后逐步转为宾馆经营。今天它是上海最老牌的高级酒店之一，这相当一部分得益于衡山宾馆建筑本身的优秀。现在步入宾馆，可以看到简洁大气的内部装饰，光可鉴人的大理石，一副气派模样。实际上它是上海最早的涉外宾馆，许多"老上海"认为衡山路酒吧的崛起和它的存在有密切的联系。

衡山宾馆诞生之初是西方城市住宅文明的载体，承载着上海第一批高级白领的都市梦想；经过一段时间的封闭后它又成为上海重新引入西方生活方式的"楔子"；今天的它又回归为一座怀旧气氛的酒店。

衡山路534号

今天它是上海最老牌的高级酒店之一

❻ 徐家汇公园

"老城厢"边上的"百代"之声 ▷

徐家汇公园石刻

　　吵闹的徐家汇每天交通繁忙，人来人往，远观是一派现代的清明上河图的景象。就在这熙熙攘攘的热土上却拥有着一片绿色，化作难得的净土抚慰人们忙碌的心灵。那就是徐家汇公园，它是无法复刻的景观。

　　它有一侧入口是高大的烟囱，那是一段工业历史的见证。当年烟囱脚下是大中华橡胶厂，1926年便在徐家汇开厂。它在民国时期是民族工业的杰出代表，曾经制造出中国第一条轮胎，打破了国外品牌对轮胎产品的垄断。另一方面，工厂也是上海市区重污染工业的一个缩影。在这里建设公园，相当于把重工业置换成城市中心的绿地，正是上海城市建设从一味重生产向重环境治理转变的一个生动体现。

在这熙熙攘攘的热土上却拥有着一片绿色

　　建公园时，这个工厂唯一保留下来的东西就是这根烟囱。建设时还特意给烟囱戴上"帽子"——在最顶部安装光导纤维装置。有了这个装置，烟囱的顶部由内向外透出光亮，似在冒烟。这是在无声中向路人再现过去的历史，是对过去的怀念，同时也给人们敲响了警钟。

衡山路·徐家汇

公园北侧的一棵古老的樟树后面有一座特别的红色法式洋楼。比这座洋楼更特别的是，中国最早的流行音乐和唱片工业就发源于此。因为它就是当年中国最大的唱片制造公司——百代公司的旧址。这座三层的小洋楼里，底楼有录音室，曾经放置着上海第一套录音设备。直到20世纪80年代，录音室还在被使用。现在楼外还放着一台德产的立体声翻录机。

这些景象让人们的耳边似乎又传来了当时的经典声音，似乎又回到那个余音缭绕的美丽时代。你闭上眼睛，仔细听，是聂耳和田汉的《义勇军进行曲》，还是梅兰芳的《贵妃醉酒》？

新中国成立后小红楼一直守护着上海音乐文化，当时的小红楼并没有现在这般鲜亮。"当时小红楼的外墙非常破烂，与今天看到的清水红砖墙相去甚远，经过装修，小红楼焕然一新，除了保留了楼梯转角处的木雕花，其他的装饰全部改变了。"人们如此感叹。

徐家汇一段工业历史的见证——大中华橡胶厂烟囱

🏠 肇嘉浜路889号（天平路与宛平路之间）

73

⑦ 衡山坊

掏空洋房弄堂，装进新生活方式 ▷

"咦？这里还有这么舒服的地方？"一位推着童车的母亲表达对眼前景致的赞叹。她看到的就是衡山坊，这是她在衡山路上最新的发现。

衡山坊的确"躲藏"得很好，就在喧闹的商业中心隔壁，在"Shopping Mall"旁打开了一片"Loft"的天空。它原本就是安静的洋房弄堂，然而现在修葺一新、重新规划设计的弄堂呈现出别样的休闲风情。

修葺一新、重新规划设计的弄堂呈现出别样的休闲风情

阳光依旧懒懒散散地洒落在这片黄色的洋房上。统一花纹的窗栏、翻着毛边的墙壁透露着洋房的身世。这个在20世纪三四十年代诞生的洋房弄堂以前叫作树德坊。它包含两种建筑样式，北部属于上海典型的弄堂建筑，南部则是花园洋房。那时的树德坊更为隐秘，在密密麻麻的梧桐树下与世无争，很少引起人们的注意。不过进出树德坊的人不乏那个时代极具影响力的文化人。

衡山路·徐家汇

衡山路与天平路路口

时过境迁，树德坊已经化身成衡山坊，展示出了崭新的面貌，新的好像是重建的一样。弄堂一下子通亮起来，绿色的植被和有趣的雕塑一下子把这里装扮得妙趣横生。建筑还在，建筑内部却被带走了，连同这里原本的弄堂生活一起被掏空了。你看不到蹒跚而出的老婆婆，迎风飘扬的万国旗，穿着拖鞋提着痰盂的阿姨，更不要奢望能有费穆、梅兰芳这样的大家出没。这里正被新的生活代替。

你很难给衡山坊下一个定义，这里有餐饮，有精品店，有艺术画廊，什么都有似乎又什么都没有。这里更像是另一个"新天地"，一个个遮阳伞在洋楼下打开，一杯杯咖啡、一瓶瓶洋酒、一盘盘精美的菜肴被人们消费。二楼阳台的鲜花和茶余饭后的笑脸一起盛开着。冷清的精品店打开着它另类、乖张的店门，似乎不在乎有没有人气，只在乎自我的独特。

这里有餐饮，有精品店，有艺术画廊

唯一能扯上文艺的是弄堂里的画廊和艺术品店。这些联排存在的艺术站点有着各自的看点。画廊里的员工保持着热情的服务。你若静静欣赏，他们绝不打扰；你若咨询，他们则热情大方。这里的艺术作品比较前卫，虽然弄堂空间有限，但通过精心布置倒也营造出了不凡的艺术感。

上海微旅行 漫游这座城

⑧ 徐家汇天主教堂

东亚第一天主教堂 ▷

20世纪的大上海，很多东西都可以冠以"东亚第一"的称号。徐家汇的天主教堂也不免俗地被冠以"东亚第一天主教堂"的称号。

其实当你站在它的面前，会觉得任何称号都是多余的，那高耸在空中的钟楼、深沉的哥特风格、神圣的雕塑足以震撼每个人。你甚至想把背后的当代建筑抹去，以这种方式来保持教堂唯我独尊的气场。这里是宗教圣地，更是上海文化发展的一个代表性建筑。

早在明朝，中国最有名的天主教徒徐光启就生活在徐家汇。那时，法国传教士开始在徐家汇建造耶稣会会院并传教。伴随着天主教的引入，西方的文化也一并被输入。徐光启的著作就是最好的见证。

眼前的徐家汇天主教堂就是传教士们最好的"作品"。这个"哥特怪物"光建造就花了10年时间。大堂钟楼高60米，其两侧的哥特式钟楼和尖顶高50米，教堂宽28米，可容纳三千余人进行活动。

教堂上的雕像

衡山路·徐家汇

衡山路与天平路路口

然而再多文字，也不如你站到它的面前来得真切。原先你只能在宗教活动时探访它，那时，对大部分人来说，它是讳莫如深的宗教建筑。随着"徐家汇源"旅游项目的诞生，教堂终于成为景点对外开放。在讲解员的带领下，你可以轻松地进入这个圣地。讲解员会从建筑上的三位一体，到《最后的晚餐》的叛徒，再到壁画故事一个一个地说起，仿佛一部波澜壮阔的天主教教科书被打开了。当然你会忍不住在聆听故事时多看几眼教堂。高高在上的穹顶划着完美的弧线，阴暗的墙上投射着彩绘玻璃的迷离影子，所有的一切都恰到好处地对称着。

那些高高在上的穹顶划着完美的弧线

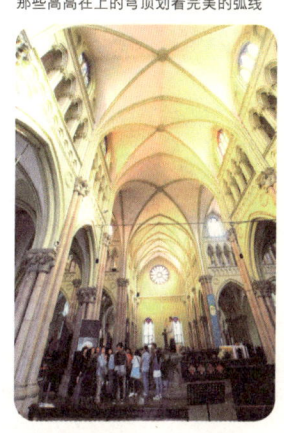

但是这里是不允许拍照的，所以你只能尽量多留一会儿，多看几眼，企图把教堂印在脑中。但愿你的脑容量足够大，因为除了教堂这里还有很多值得记住的东西。由于天主教的传播和徐光启的启蒙，徐家汇几乎是中国近几百年和西方文化交流的一个缩影。从传教士初登中国的友好交流，到闭关锁国时的拒之门外，再到西方以武力打开中国"国门"的硝烟四起，徐家汇充当了中西交流桥头堡。经过岁月的洗礼，这里留下的每一个老建筑都是一段中西文化交流的历史见证。徐家汇寻源之旅几乎可以被看成西风东渐的寻根之旅。

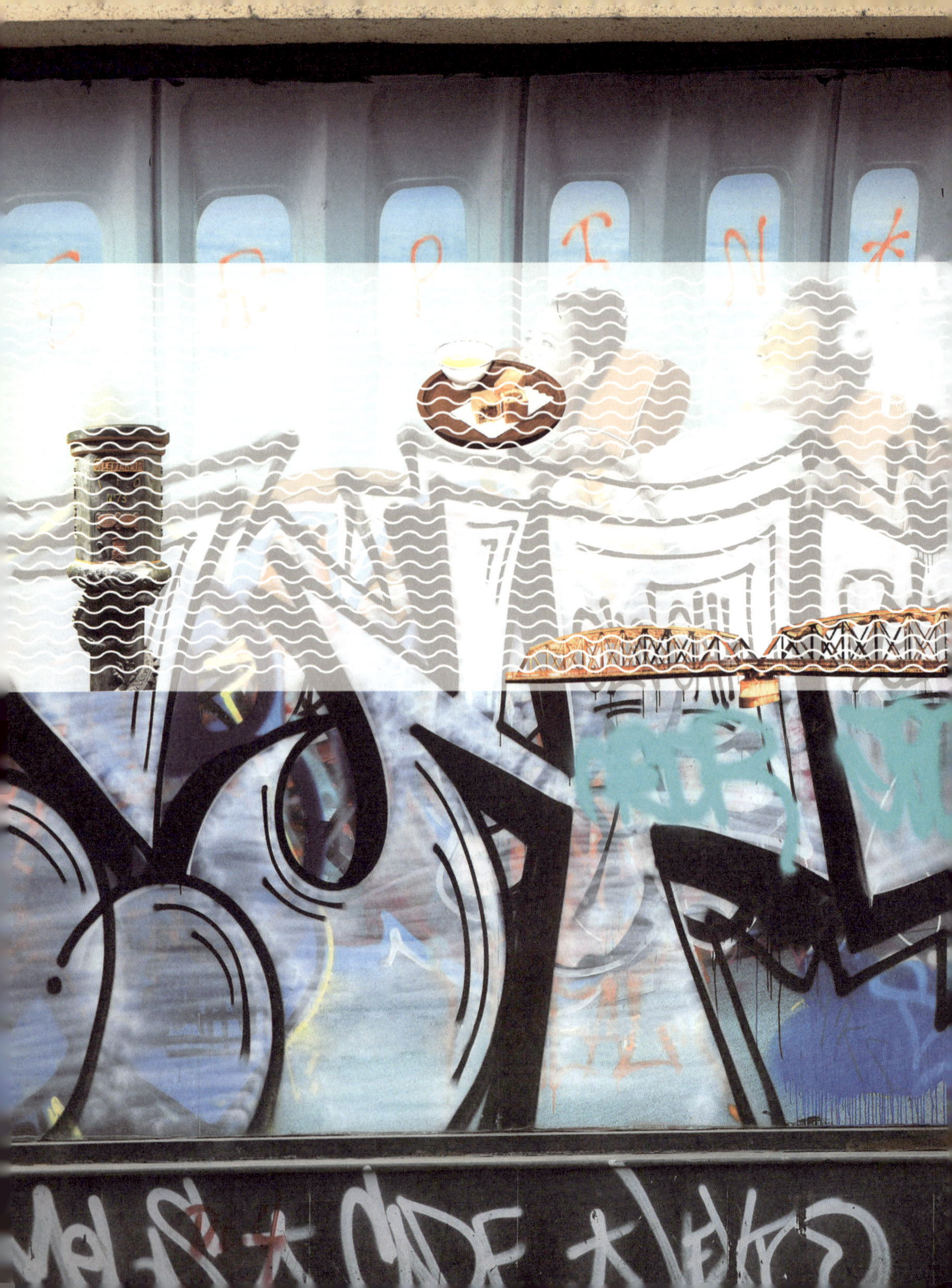

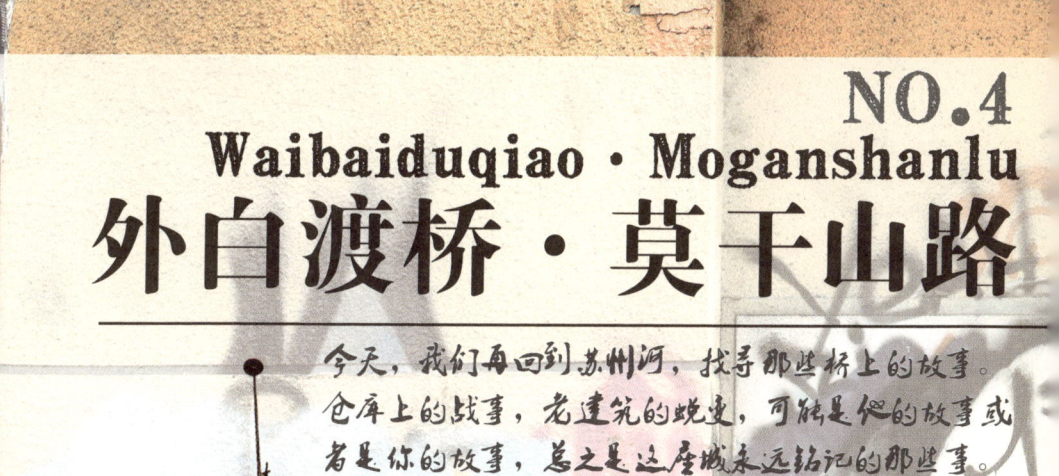

NO.4
Waibaiduqiao · Moganshanlu
外白渡桥·莫干山路

今天，我们再回到苏州河，找寻那些桥上的故事。仓库上的战事，老建筑的蜕变，可能是他的故事或者是你的故事，总之是这座城永远铭记的那些事。

苏州河边走一遍

炙热山丘的凤梨酥

M50 的一杯清凉冷饮

M50 的艺术品

人们常说黄浦江是上海的母亲河,其实从细腻程度和亲密程度来看,苏州河更像是这个曾经的江南小镇的母亲。当苏州河还叫吴淞江,上海还叫华亭县、松江府的时候,这条河已经开始滋润这个水乡小城,大半个上海古城因这条河而发展、壮大。后来的它又用 100 年的时间见证了这座城市魔幻般的蜕变。

水路再恣意,也要陆路来和。苏州河的水路上众多桥梁通向南北,殖民时期那是连接英美租界的要道,抗战时期是难民逃亡的必经路。苏州河的水路也是促进商业发展的利器,货物曾经通过这条河源源而来、滚滚而去。无数的仓库在两岸比肩,那些激烈的资本运作、商业斗争、传奇的故事像河水一样绵延不绝。

无数人在苏州河边走过,他们和这些桥、这条河、两岸的建筑一起构建了这座城,一起诉说着上海滩的故事。

外白渡桥·莫干山路

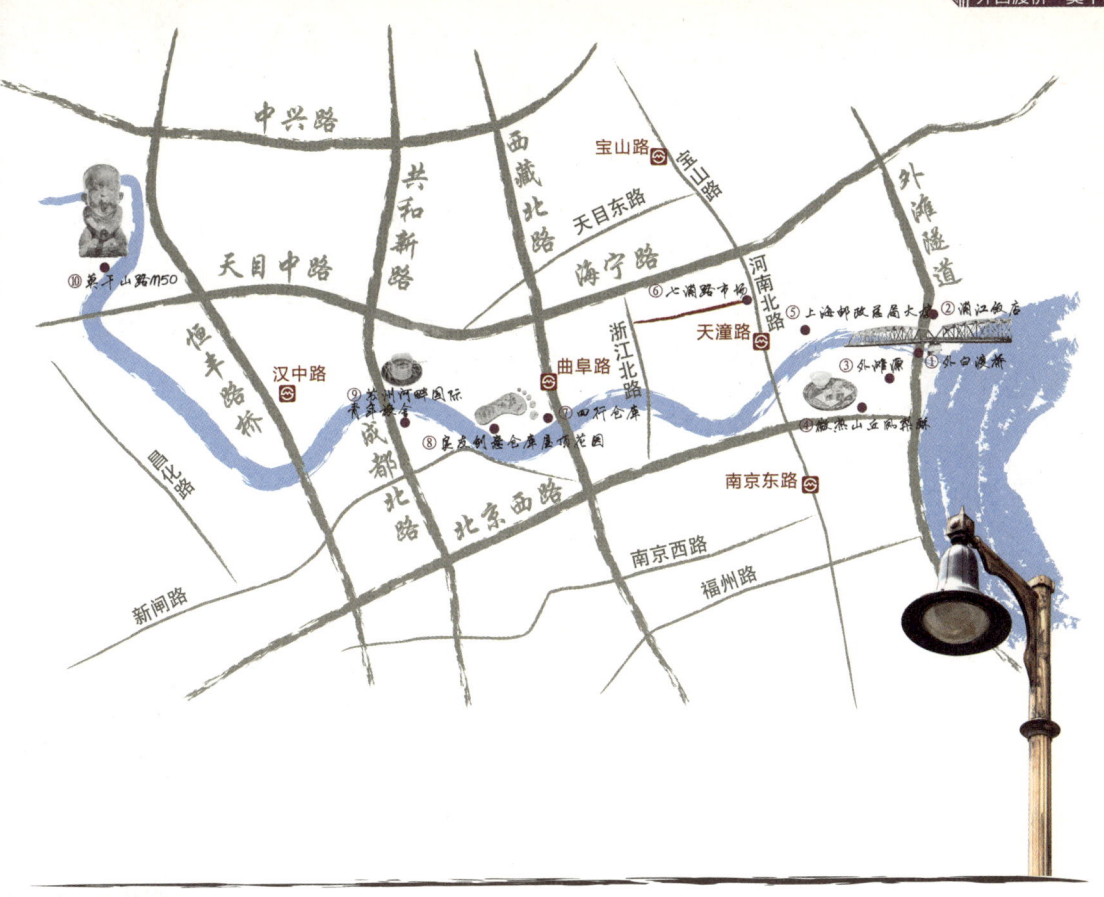

▷ **起始地**
外白渡桥

路线：①外白渡桥—②浦江饭店—③外滩源—④微热山丘凤梨酥—⑤上海邮政总局大楼—⑥七浦路市场—⑦四行仓库—⑧良友创意仓库屋顶花园—⑨苏州河畔国际青年旅舍—⑩莫干山路 M50

◉ **终点**
莫干山路 M50

81

① 外白渡桥

一部钢筋铁骨的上海传奇 ▷

全钢架结构的桥梁

　　外白渡桥可能是上海最有名的桥。它传奇的一生几乎就是上海的缩影。如果站在外白渡桥的桥头，那些纵横交错、比例协调的钢筋无疑是最吸引你的。

　　其实它曾经是残弱的木桥，曾经不是白渡的。从木桥到钢筋，从收费到免费，似乎正似一个封建城镇的开埠历史：从农业到工业，从小农经济的渔村到现代城市管理体系下的都市。它就矗立在外滩的源头，看着外滩从渔港变身为万国建筑博览中心、金融中心。

拖着漂亮礼服的新人的摇曳身姿在闪光灯下留下最美的一瞬

82

外白渡桥·莫干山路

外白渡桥和上海荣辱与共。不过前几年它曾短暂"消失",上海人才突然发现离不开它。好在只是将大桥回厂维修。其实上海人早已把它看作永恒的"外白渡",因为它装满了这座城的故事。

就算对岸的东方明珠和上海中心的人们摩肩接踵,但游客始终把外白渡桥当作留影的"背景板"。

它也有别样风情。早上老外在朝霞中听着音乐从桥上跑过;晚上拖着漂亮礼服的新人的摇曳身姿在闪光灯下留下最美的一瞬;繁忙的公交车开过,这座桥还会习惯性地"颤抖"。而你可以走远些看看它,相信在你心中会浮现出来很多画面,或许是白围巾的许文强,或许是纵身一跃的赵薇,又或许是你自己的故事。

那些纵横交错、比例协调的钢筋无疑是最吸引人的

② 浦江饭店

穿梭时光回到老上海的上流生活 ▷

历史悠久、底蕴深厚、故态犹存、浪漫情调、引人遐想是人们为这家老牌饭店打上的标签。外滩北端外白渡桥头的巴洛克式建筑内有华丽的吊灯及拱券、彩绘玻璃穹顶、嘎吱作响的木地板、手摇控制的老电梯……走进浦江饭店，似乎看到了上海滩十里洋场的缩影。

老上海最经典的交谊舞会兴起于这里，那时候它还叫作礼查饭店。即便现在，走进它的孔雀厅，那个欧洲剧院般的大厅一下就会让人想到华服加身的绅士淑女在曼妙舞曲中诉说衷肠、交际四方。

浓郁的贵族气息为浦江饭店赢得上海最豪华的西商饭店、东亚最著名饭店的桂冠。回眸百年，当时它在上海经济、文化、政治交流上扮演着重要角色，成为世界各地名人钟爱的下榻地。我们今天所看到的浦江饭店基本是在这个框架内奠定了发展格局，六层楼高的饭店是一座钢筋混凝土和砖木混合的建筑，呈现出英国维多利亚时代建筑的奢华，看上去又能感觉到具有本土特色的老上海风情。

华丽的吊灯及拱券、彩绘玻璃穹顶、嘎吱作响的木地板

上海微旅行 漫游这座城

这座"东方的华尔道夫",304房间住过爱因斯坦,310房间住过英国哲学家罗素,410房间住过美国前总统格兰特,8103房间住过意大利著名科学家伽利尔摩·马可尼,303房间住过美国著名作家埃德加·斯诺夫妇,世界知名的艺术大师卓别林更是两度下榻此处。现在这几位名人住过的客房被打造成了浦江饭店名人房,分布于三、四楼中厅周围。

　　历史的轮转无处不在。酒店当年的老板,那个上海滩赫赫有名的犹太商人嘉道理,曾经无限惆怅地带着他的集团离开上海到香港发展,半岛酒店就是他的产业。就在几年前,嘉道理的后人带着半岛酒店重新回到上海,巧合的是地址就在浦江饭店的斜对面,隔着外白渡桥互相遥望。这一望足足等了七八十年,让人不得不感叹世事变迁。

黄浦路15号

浓郁的贵族气息为其赢得上海最豪华饭店、东亚最著名饭店的桂冠

85

③ 外滩源

上海新奢华的活体 ▷

大教堂哥特式的尖顶

　　上海的昔日华梦，是19世纪三四十年代的跑马场，是20世纪初的外滩万国建筑群，是20世纪40年代的百乐门大舞厅，而老一辈的上海人不会忘记，新一代的上海人却不曾知道，还有一个地方也曾与上海一同经历了历史的兴衰——外滩源。

　　在地图上，外滩源是一块占地1.68万平方米、由圆明园路、北京东路、虎丘路、南苏州路围合的地块。密集的殖民建筑群，配合边上重建的英国领事馆和大教堂，让人恍若流落到了欧洲小镇。穿梭在弹格路，一幅建筑艺术画卷就展开了。大教堂耸立着它的哥特式的尖顶，真光大厦身上竖起了邬达克的尖刺，兰心大楼在利落的线条的包裹下挺起了"肚子"，原英国驻沪总领事馆则"躲"进了花园里……

代表高尚生活的高端游艇品牌

这个比外滩发迹更早的地方，始终保持着低调，这与几步之遥的外滩形成了鲜明的对比。它甚至一度被人遗忘，直到四处寻找项目的"资本大鳄"想起了它的存在，才让它重新焕发生机。抹去了历史的尘埃，这里是上海新奢华的地标。优雅时尚的精品酒店、珠光宝气的奢侈品店、代表高尚生活的高端游艇品牌、飘着香味的米其林餐厅、高端神秘的会所、高雅清幽的美术馆纷纷入驻这里。这让建筑真正重生但又在历史建筑和普通人之间架起一道消费的鸿沟。陈丹燕在《外滩影像与传奇》中这样写道："我曾爬到教堂塔楼顶上去过，在那里，能听到街道上汽车经过时，轮胎在路面上发出的沙沙声……"

外滩源依旧安静，从容地坐落在苏州河、黄浦江的交汇处，新的房产项目还在不断被开发。它记录着上海开埠初期的样貌，也是这座城市新的奢华生活方式的代表。

再回到邬达克的建筑下，新一代绅士在黄色花卉包围的咖啡馆又举起了久违的咖啡杯，一个从容不迫的下午开始了，上海滩的故事还在继续。

外滩源的街景

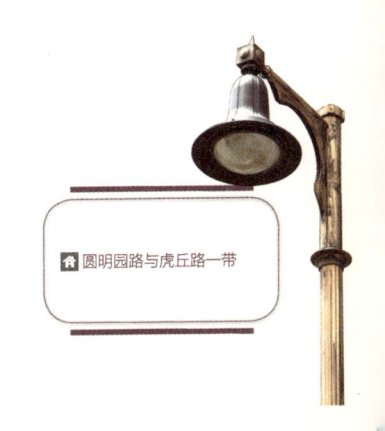

圆明园路与虎丘路一带

④ 微热山丘凤梨酥

意外诞生的味道 ▷

"咦？上海也有微热山丘了！"来自中国台湾的同学看到外滩源基督教女青年会大楼上飘扬的微热山丘旗帜，发出这样的惊叹。这是中国台湾最有名的两大凤梨酥品牌之一，在大陆只有上海一家分店。

"在外滩卖凤梨酥？这家店好厉害！"阿姨吃着微热山丘的凤梨酥，不由得惊讶凤梨酥也能进入外滩这样高雅的地方。这里的确是奢侈品、高端餐厅林立的地方，有凤梨酥售卖着实让人意外。

穿过典雅繁复的装饰，二楼简洁大气的店铺便能进入你的视野。简单的一条长桌正对着装饰艺术大楼的成排窗户，窗外是奢侈的外滩源和外滩。墙上是中国台湾宜兰风景写生画，似乎是在提醒人们它来自中国台湾。

一份茶，一份凤梨酥，一个木制托盘，简洁而完美地把凤梨酥提升到艺术的境界

"先生，要免费试吃吗？"穿着清新的女服务员嗲嗲地招呼每一个客人来尝试凤梨酥的味道。一份茶，一份凤梨酥，一个木制托盘，一束百合，简洁而完美地把美食提升到艺术的境界。撕开纸质包装是一个长方形土黄色的凤梨酥。扑鼻而来的是酥皮散发出的浓郁奶香和蛋香，一口咬下，没有冬瓜味，也不是平常吃的凤梨酥那种细腻成团的馅儿，而是麦芽糖般的纤维。更令意外的是第一口的口感偏酸，品尝几口后，纤维里才慢慢透出了凤梨独有的香味，在有限的甜度中透露着自然的芬芳。

这么特别的凤梨酥其实也是因一次意外才诞生。老板原来在南投种茶，顺带着种一些凤梨。2008年，乌龙茶和凤梨双双滞销。阴差阳错中由品牌规划师指点做成了凤梨酥，并以创意行销。

于是老板一改常见的冬瓜作馅，真正用凤梨作馅，并使用新西兰牛油、日本面粉，一举奠定其精品凤梨酥的地位。此外，微热山丘凤梨酥还在各个城市开辟了设计感十足的高端体验店。

微热山丘的凤梨酥除了蔗糖、麦芽糖之外无任何添加剂，就好似把中国台湾南部最灿烂的阳光打包送到你嘴里。一次意外，造就不期而遇的美味，让黄浦江上也能飘起台南的香味。

圆明园路133号洛克外滩源女青年会大楼2楼
62363300

⑤ 上海邮政总局大楼

"Air Mail" 的穿越之旅 ▷

　　这是人们绕不开的地标，是一座好似爱琴海风格的建筑，柱子挺拔高大，巴洛克钟楼还在高高耸立，文艺复兴的雕塑透着古典的情趣……当年"Air Mail"的牌子挂上大楼，英国人、法国人给中国带来了现代邮政。现在英文牌子被"中国邮政"替代，一场中国邮政的历史剧在这栋大楼里上演。这里是上海真正意义上现代邮政启航的地方，也是中西方文化在逐鹿中把上海推向现代都市的见证。

　　邮政总局大楼建于20世纪20年代。就像它建筑风格是折中主义一样，它的选址也是中西方文化折中后才定下来。这座建筑呈U字形，独特的造型和考究的设计让它和外滩万国建筑比肩成为东亚最受瞩目的建筑。

博物馆里的大清邮筒

外白渡桥·莫干山路

今天这座古典的建筑依旧传承着邮政事业,各种邮政业务还在进行中。人们可以从高大的大门进入,踏着豪华的格子纹路大理石地板和优雅、对称的回旋阶梯来到二楼宽敞的大厅。当年这个大厅号称"东亚第一大厅",这种气魄一点儿没有丢失:地上的大理石纹路还是那么清晰,柜台古典的木栏杆油光锃亮,天花板上的漂亮花纹还是那么高不可攀。

许多老人游走在邮卡柜台,或是坐在邮币卡交易中心的电子屏幕前看行情,他们可能是城市里最后的邮币卡爱好者。"我每天都来转转,这是爱好,建筑漂亮,邮票漂亮,看看蛮好。"年逾花甲的方老伯,不爱炒股爱邮票,是这里的常客。

大厅的一侧开辟了邮政博物馆。馆藏内容丰富,基本涵盖了中国上海的邮政发展历史以及国际邮政知识的方方面面,还有许多和这座建筑相关的故事介绍。

地上的大理石纹路还是那么清晰,柜台古典的木栏杆油光锃亮

北苏州路250号

⑥ 七浦路市场

最草根的时尚地标 ▷

人头攒动,铺位林立,商场比肩,站在七浦路街头让人有种迷失感,不知该往哪儿去,就好像穿梭在服饰海洋里的男女老少不知道该买哪件一样。

七浦路是亲民的,这从它诞生那一天起就注定了。别看现在七浦路都是商厦里有模有样的商铺,刚发迹时也只不过是街头两三个铁皮铺。早先这条小路是农贸市场,后来逐渐演变成小商品市场,从20世纪80年代开始,总算发展到了服装批发的规模,这一下可是找准了点儿,于是就再也没改变过定位。

尽管由于网购的兴起现在人气不如从前,但还是有不少商家从这里淘货

🏠 七浦路、河南北路与天潼路一带

七浦路服装批发市场火了，于是由原来的河南北路、山西北路进一步扩张到福建路和浙江路，终于形成了规模。进入21世纪，七浦路服装批发市场也开始高速发展，相继建成了白马大厦服装批发市场、超飞捷服装批发市场、天阜童装批发市场、七浦路服装批发市场、豪涌服装批发市场和新金涌服装批发市场。

今天的七浦路周末依旧人头攒动，保持着纷乱复杂的视觉体验。从高大的购物商场到低矮的地铁铺再到少数沿街而立的街铺，眼花缭乱间各种层级的服饰一一展现。推着手推车的经营者在七浦路的天桥上上下下，大大小小的车辆穿梭在街市，一不小心客人就差点被轧到脚，随即便会听到客人的抱怨。一边看热闹的老客人则笑语："在七浦路还指望商家在意你的脚？"

混乱的七浦路目前还在坚持着自己亲民、草根的路线，前店后工厂模式能紧跟市场潮流。一时间它也是领风气之先的时尚集散地。尽管由于网购兴起现在人气不如从前，但依旧有不少商家从这里淘货。七浦路正在用自己的坚持与网购竞争，同时也在网购中分得一杯羹。

⑦ 四行仓库

苏州河边的枪声和八百壮士 ▷

　　苏州河流到了西藏北路，河的北岸一座六层楼高的钢混建筑屹立着。近80年前，就在这个叫四行仓库的建筑里上演了上海历史上异常悲壮的一场战役。后来这个故事成为大家耳熟能详的"四行仓库八百壮士"。

　　20世纪30年代四家银行出资建造了这个灰色的仓库，故而大家叫它"四行"。时至今日它依旧是做仓库用。不过与建造之初不同的是，谢晋元的雕像在大门中矗立，纪念八百壮士的纪念馆也成为常设空间，这肯定是大楼设计者——邬达克未曾料到的，因为那场战争来得太快。

　　1937年日军突然侵华，打响了淞沪会战。为向国际社会表达中国坚决抵抗的信心，蒋介石决定将八十八师单独留守上海市区。不过最后实际抵抗日军的是一个加强营，有四百多人，地点选在四行仓库，为壮声势才向英国方面通报有八百人。

站在四行仓库前，只见核心建筑被绿色脚架包围

94

外白渡桥·莫干山路

这一守一共持续了5天，其间，一个叫杨惠敏的女子将国旗送入四行仓库，第二天四行仓库上飘起一面青天白日旗，引来苏州河南岸3万多民众围观，成为一段传奇。

如今，站在四行仓库前，只见核心建筑被绿色脚架包围，原来它要彻底成为战争纪念场所了。变化，在苏州河沿岸很是寻常。北面文化用品批发市场依旧平民化，再向北则已经是摩登的商场"大悦城"，东侧是新的创意园写字楼——四行天地。以往仓库摇身变为高端大气的苏河湾地产，五星级酒店、甲级写字楼、高档会所应有尽有。

在安静精致的苏河湾、四行天地乃至当年日军进攻的桥头堡——"大悦城"的空气中没有了硝烟，没有了震耳欲聋的枪炮声、厮杀声，有的是消费的欢愉和奢华的体验。

苏州河还在流淌，当更多的仓库开始转型去往创意园区或高端地产时，也许没有人会留意到这个建筑和这个国家曾经历的峥嵘岁月。可就是它在恰当的时间站出来，向世界表达了一个民族绝不屈服的态度。也许不该忘记，你我至少可以穿过摩登商场、奢华会所、时髦写字楼，来苏州河边凭吊片刻。

东侧则是新的创意园写字楼——四行天地

🏠 光复路1号

95

上海微旅行
漫游这座城

⑧ 良友创意仓库屋顶花园

悬在苏州河上的空中花园 ▷

创意仓库屋顶花园所在的大楼实际上也是苏州河边的四行仓库之一。像许多仓库顺势变成创意园区一样，陆续有许多创意产业公司入驻。在这里举办过许多有趣的活动。

走进创意仓库还能感受到80年前仓库的幽暗和清冷。冰冷宽大的石阶一路将人引向楼顶，加上冰冷的铸铁随处可见，让人感觉似乎走进一个工业时代的隧道。

在三楼有人来找"雕刻时光咖啡学院"。"老早就没了！"管理员大声回答道。听管理员说创意园的入驻企业更换特别频繁。仔细看看仓库里许多地方至今还在施工，就连厕所都像是刚刚搭建的。越是往上走，越觉得仓库有种被黑色基调的压抑感笼罩着。直到走到最顶层，一个印着涂鸦图案的大门敞开着，总算把阳光引入了这个"黑盒子"。

创意仓库屋顶花园所在的大楼实际上也是苏州河边的四行仓库之一

外白渡桥·莫干山路

　　走出大门更是豁然开朗，一片大花园竟然出现在眼前。这个空中的花园还是错层的，在春天的阳光里，红色的、紫色的、黄色的、粉色的花高高低低地绽放。

　　一层，鲜艳的花卉边断壁残垣随处可见。那些苏州河边动迁房中的破砖残瓦随意堆放，花卉就在"废墟"中茁壮成长，似乎是在诉说着苏州河重生的故事。

　　走上二层花园，一片片低矮的绿色草坪勾画出一块屋顶田野。七个大大的足迹在绿地中"行走"，每一个足迹边都有一个日期，那正是当年壮士们死守四行仓库的日期。

　　游客可以坐在草坪中的木椅上享受苏州河上吹来的春风。这里视野极好，带状的苏州河在眼底蜿蜒而去，远处桥上的汽车像火柴盒一样在移动，他们甚至在高楼大厦的间隙看到了南京路上的国际饭店。更吸引他们的是近处拆了一半的旧房子，一片废墟和一片低矮的瓦房暂时共存着，这和周边大楼形成反差。其实这就是苏州河的昨天。时光如果是雕刻大师，那苏州河沿岸就是最好的作品。

　　此刻，游客和"7天7夜的大脚印"合影，他们或许不知道7天7夜的故事，因为苏州河的空中花园中只有花香，没有硝烟。

光复路195号楼顶

游客可以和大脚印合影

旅社长廊里的
简餐

旅社长廊里的
咖啡

🏠 南苏州路 1307 号
☎ 58888817

⑨ 苏州河畔国际青年旅舍

杜月笙的仓库，你的咖啡 ▷

　　上海苏州河畔青年旅舍坐落在苏州河南面，它在河岸第一排仓库的后面，沿九子公园的边缘直走才能看到。这无疑是老仓库，青与红搭配的砖墙上满是绿色的爬山虎。仓库和仓库间有一个漂亮的拱廊。

　　仓库和仓库间形成一条深邃的弄堂，弄堂里的植物开出一片"绿的长廊"，零散的桌椅中间一张秋千椅特别显眼，走过的姑娘总是忍不住在上面摇上几下。客人们总是喜欢坐在青年旅舍最得意的这个绿色空间中喝杯咖啡，相对低廉的价格和惬意的环境搭配出苏州河边最有性价比的午后。

　　实际上不点东西也能自由自在地坐下休息，抬眼看看砖墙上的爬山虎，它们在风中微微颤动，似乎有故事要诉说。

零散的桌椅中间一张秋千椅特别显眼

外白渡桥·莫干山路

也许那是上海闻人杜月笙的传奇故事。因为这里曾经是他的地盘，他的仓库。20世纪初这个强人在苏州河边陆续建起自己的粮仓，他的生意做到了苏州河上。新中国成立后生意戛然而止，取而代之的是国营仓库。时至今日，资本的运作下，它们转型为艺廊、写字楼、青年旅社和商店，似乎都找到了自己的归宿。

相对新中国成立前火热的生意场面，现在这里显得安静得多，看上去更像是被大家遗忘了。不管是艺廊，还是商店都门庭冷清。苏州河还在仓库前流淌，那些火爆的场面和传奇的故事也随之一起流走，徒有不明就里的旅客还在感叹："这里是杜月笙的仓库啊！"

青与红搭配的砖墙上满是绿色的爬山虎

99

⑩ 莫干山路 M50

不止"何以笙箫默" ▷

M50 内的调酒

　　M50 在上海的创意工场中是老资历了，它是第一批以这种特殊形式出现在上海滩的，让一度寂寞的苏州河沿岸成为一片热土。

　　可惜的是创意园的热潮没能持续多久，雨后春笋般冒出来的创意园更是稀释了 M50 的独特性。后来一部《何以笙箫默》又让大家想起了它。厂房下、咖啡馆里，电视剧里呈现的戏剧性的场面总能耸动人们产生探知的欲望，也不管这里是否还能重现电视剧中的场景。

　　其实 M50 绝不止《何以笙箫默》中展现的那样。事实上它的精华不是拿着咖啡在厂房中穿梭，谈一次空前绝后的恋爱。回到原点，这里是艺术空间！

　　莫干山路 50 号最初是徽商周氏家族企业的信和纱厂，后成为上海第十二毛纺织厂、上海春明粗纺厂。2005 年命名为"M50 创意园"，如今是沪上最热闹的艺术区之一，非常适合热爱文艺的人来访。

有想法的人们站在奇怪的艺术品前陷入了沉思

外白渡桥·莫干山路

热爱休闲的人抢占了"树荫座"享受树影的"按摩"

　　文艺之旅通常从莫干山路路口就开始。这里沿街蔓延着涂鸦，可以说是涂鸦一条街。浓烈的色彩和夸张的造型弹眼落睛。画师甚至连电线杆、垃圾箱都不放过，只要是一个平面就能涂鸦。

　　走过涂鸦街，M50的入口是那个熟悉的咖啡馆"香风丽舍"。遮阳伞下莫吉托散发着夏天的味道，一堆粉丝正在追逐记忆中的戏剧场景："就是这里，就是这里，靠窗的位置。"其实往里走才是M50真正的世界。朴素的厂房外到处都是奇特的橱窗。每一栋建筑、每一面墙上都有相应的艺术品，后现代的视觉，艺术性的照片，夸张的装置让人目不暇接。

　　怀旧的人们钻进暗房冲洗自己的胶片；有想法的人们站在奇怪的艺术品前陷入了沉思；热爱休闲的人抢占了"树荫座"享受树影的"按摩"……这里，总有办法让你闲下来，不用着急做什么，这就是M50，只要你去看，何止"何以笙箫默"。

🏠 莫干山路50号

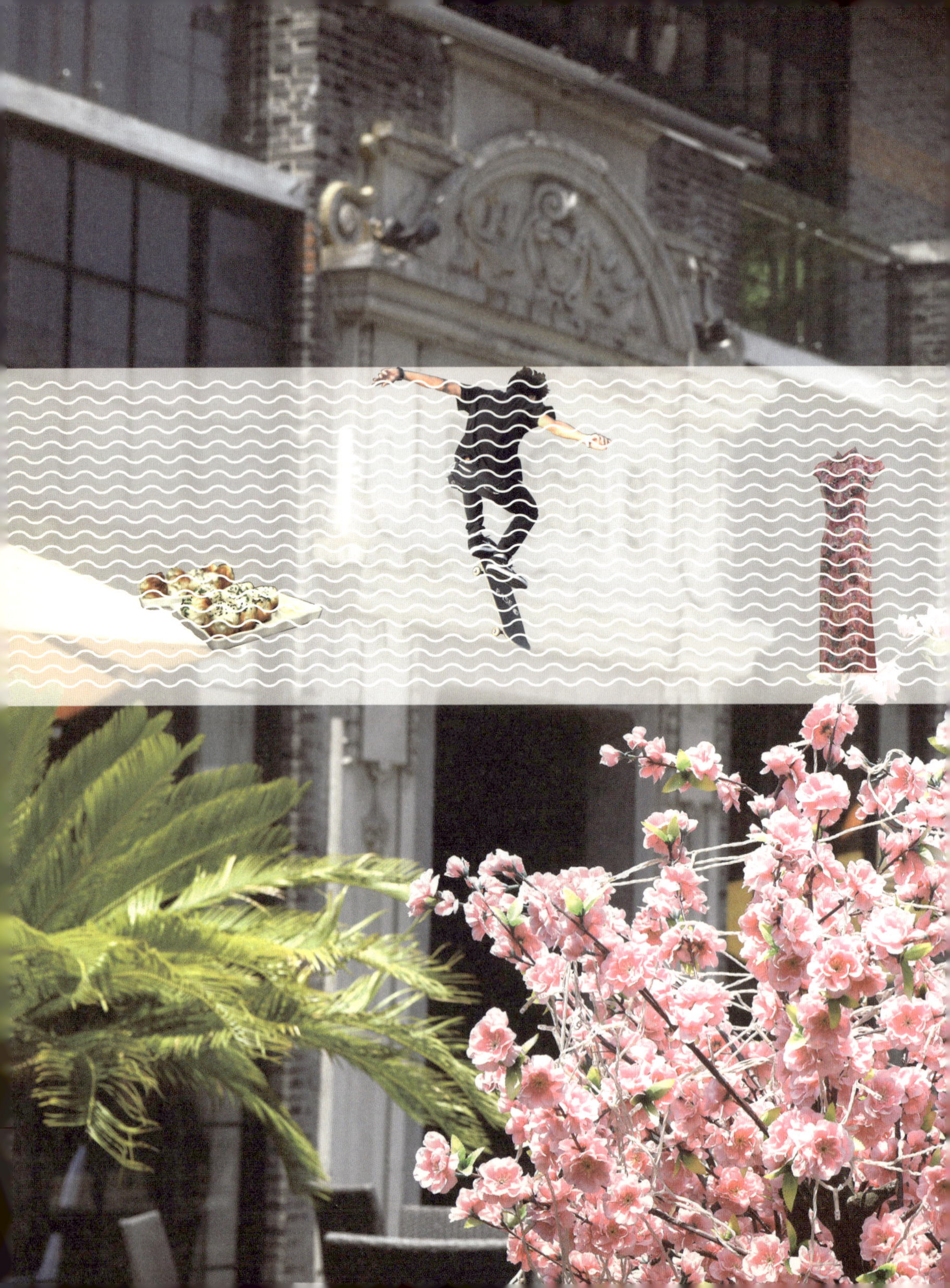

外滩·人民广场

上海滩的故事吸引着千千万万的游客，一个聚集了三千多万人口的大都市中心更是人流涌动。游客在人流中奋力穿梭寻找出路，一身大汗淋漓后却无处藏身，奇怪的呼喊此起彼伏，那万国建筑、十里洋场再美也不过是人海中毫不起眼的商业建筑。

避开人流看真正上海滩

这里是上海的核心，从外滩经过十里洋场到人民公园，是上海滩现代都市启航的地方，也是上海滩的源头。

当年英国人选定这里租借，把资本主义带到了上海。于是外滩的码头船只铺满滩涂，高大雄伟的艺术建筑占据岸上，洋行争相进驻，一个影响东亚的金融中心逐渐成形。资本运筹、较量，在十里洋场让一个不夜城的商业霓虹照亮东方。跑马场里引进了英国人的娱乐项目，也带来了梦想一夜暴富的人。冒险家的乐园是对这里最恰当的形容。

上海滩的故事吸引着千千万万的游客，一个聚集了三千多万人口的大都市中心更是人流涌动。游客在人流中奋力穿梭寻找出路，一身大汗淋漓后却无处藏身，奇怪的呼喊此起彼伏，那万国建筑、十里洋场再美也不过是人海中毫不起眼的商业建筑。

那么不如换个时空吧。起个大早，去上海滩。那时空气清新，阳光温柔。外滩上行人稀少，空间广阔，建筑清新逼人。十里洋场也露出难得的纯净姿色，原来这里是上海的"香榭丽舍"。一阵微风吹来，吹上了外滩，也吹来了上海滩那些传奇的故事。

董家渡面料市场的旗袍

东泰祥生煎包

外滩·人民广场

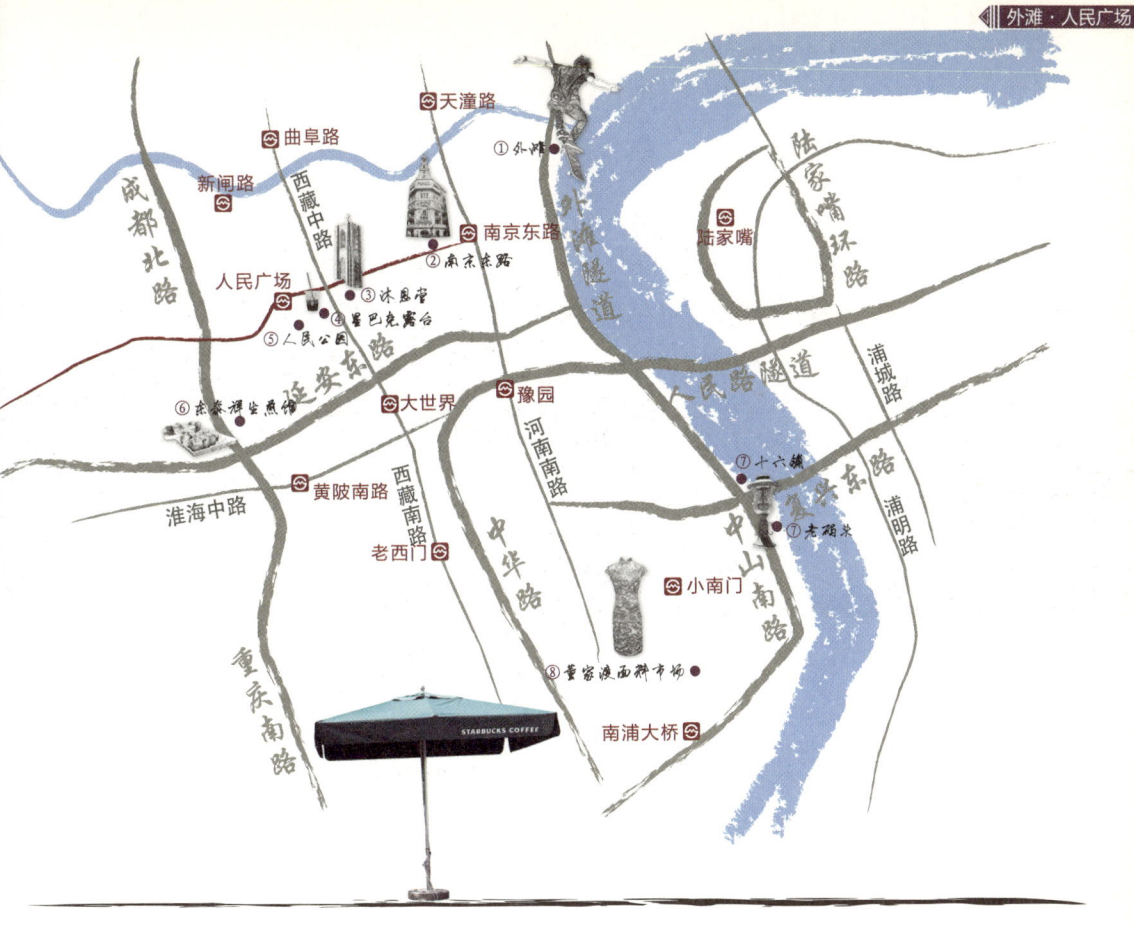

▶ **起始地**
外滩

路线：①外滩—②南京东路—③沐恩堂—④星巴克露台—⑤人民公园—⑥东泰祥生煎馆—⑦十六铺和老码头—⑧董家渡面料市场

◎ **终点**
董家渡面料市场

105

① 外滩

赶在太阳升起前见证上海滩 ▷

滑板少年在万国建筑的背景下翻腾跳跃

外滩无疑是上海的标志,上海滩这个称号恐怕也出自这里。

一百七十多年前这里还是无人问津的自然滩涂。除了纤夫们用脚踏出的纤道,别无他物。开埠后英国人最先看中这块滩涂,此后外滩就走上了发展的快速道。租借地里资本主义的管理和运作很快产生了效果,一个忙碌的贸易港口在外滩出现。接着洋行们抢占地块,纷纷建起自己的大楼,万国建筑伴随着东方的金融中心一起崛起。到了今天,那些有着古典复兴主义风格的建筑、聚拢着都市消费风气的娱乐场所是游客们绕不开的景点。

太阳还未升起时,外滩上只有寥寥数个身影。几个彻夜守候日出的年轻人已经在外滩的板凳上熬了一夜;推着自行车而来的老爷爷八成是来放风筝的,他们总是聚在老地方,停好车就把家伙亮出来。还没等太阳出来,他们就先用风筝点缀天空

万国建筑伴随着东方的金融中心一起崛起

外滩·人民广场

了；别忘了扛着三脚架的几个摄影发烧友，他们仔细地选择最佳位置，静静地等待对岸绚丽的日出。

　　太阳终于要出来的，在遥远的杨浦大桥方向，渐渐把天空染红。红色朝霞中对岸的陆家嘴群楼的剪影越发高大了，背后的万国建筑也渐渐清晰。"哦，今朝的太阳嗲！"等待了一夜的年轻人由衷感叹。摄影师们迫不及待地按下了快门。从外滩奢华的酒店走出的人们的松惺睡眼被暖暖的阳光照耀。微风中一对外国情侣紧紧相拥。热爱运动的都市人也纷纷出现，先是喊着口号的中年上海人呼啸而过；接着肌结实的老外戴着耳机穿过外滩；几个滑板少年在万国建筑的背景下翻腾跳跃，青春洋溢在脸上；人民英雄纪念碑下，一群太极拳爱好者也开始了晨练，矫健的身姿在东方明珠和纪念碑的衬托下上下翻腾。

　　这时的世界是清朗的，你可以静静地欣赏那一座座漂亮的建筑，折中主义风格的、巴洛克风格的、哥特风格的、中西柔和风格的……一个个故事呼之欲出。这里没有前呼后拥的人群，这里似乎只有你和外滩，另一个上海滩呈现在你眼前，你只需要静静品味其中滋味。

肌肉结实的老外戴着耳机穿过外滩

🏠 中山东一路

② 南京东路

迷人的欧洲倩影 ▶

　　南京东路是忙碌的，它是上海商业的核心，也是中国的"第一商业街"。当时，犹太地产商、洋行买办、本地帮会、南洋华商、租借工部局等多重势力、资本带着现代商业的理念，在竞争和合作中点亮了上海都市商业的霓虹灯，一座不夜城才真正崛起。"先施""永安""大新""新新"四大百货曾经不可一世地矗立在南京东路的显要位置，开创中国商业发展中许多第一——第一个使用自动扶梯；第一个在百货公司设空中花园；第一个将杂耍场、魔术表演、赌场、咖啡厅、顶级餐厅、茶室、酒店、服务式公寓和百货公司融为一体的商业形态；第一个使用空调系统；第一个售货人员使用统一制服；第一次引入环球百货概念等。这些至今都是人们津津乐道的商业传奇。

清晨的上海刚刚苏醒

外滩·人民广场

即便在后来的岁月中南京东路上的商铺纷纷国营化,但它依旧是全国人民最向往的商业街。直至今天,南京东路的人流密集得像是黄金周里的海滨浴场。人们在摩肩接踵中前行,汗流浃背只为体验购物的快感。

这样的旅行未免太过乏味,还没来得及找到"四大百货"的倩影就已经意兴阑珊。如果要好好看看南京东路的模样,一定要在商店开门前来到此地,那时看到的将会是另一番模样。

清晨的上海刚刚苏醒,这时南京东路还没有忙碌起来。太阳露出第一道光,斜斜地射到南京路。没有拥挤的人群,房子也清晰起来,在朝阳里呈现出温暖的色调。原来这里也弥漫着文艺复兴式的浪漫气息。

地面的彩色地砖反射着阳光,迎接着漫步的人们。"四大百货"一个个造型各异的塔顶尖尖地指向天空,他们背后是最高的塔顶——东方明珠。一块块巨大的招牌下,古典的装饰和阳台探出优雅的"身姿"。早起的人们精神抖擞地走在骑楼下。阳光下,门洞留下弧形的影子,人则留下细长的身影。从门洞里望出去分明是一个美丽的欧洲街道。这是南京东路最美的时刻。9点以后,那个你熟悉的"中华第一街"又卷土重来,所以抓紧时间多看几眼吧。

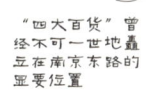

"四大百货"曾经不可一世地矗立在南京东路的重要位置

阳光下,门洞留下弧形的影子,人则留下细长的身影

109

③ 沐恩堂

看看红色十字架还在旋转吗 ▷

走过人民广场西藏南路，在一片玻璃幕墙的当代建筑中一抹红色非常显眼。老上海人走过时总会冒出一句："哦，沐恩堂咯。"

这是邬达克设计的教堂。是的，又是他的作品。这座教堂在20世纪30年代初就是呈现出现在的模样了，这正是邬达克崭露头角的时候。教堂里许多元素体现了邬达克式的设计特点。外墙红砖凹凸有致，建筑的转角、窗框都用了灰色的装饰，高高瘦瘦的尖拱从大门延续到钟楼。大堂内部的

外滩·人民广场

柱子、栏杆、讲经台上都出现了剁斧石装饰，而尖拱顶也从屋外延续到了室内。

比较有趣的是高大的钟楼被设计在教堂西南角，使得建筑不是绝对对称的，重心偏向了西南。并且西南面还有4层副楼和附属学校。从建筑结构上也能看出当时基督教对教育的重视。宗教教育的传统至今还在传承，华东神学院就设在堂内。

除了邬达克，沐恩堂和美国基督教关系更密切。它前身是美国教会监理公会设立的监理会堂，今天的模样也是因为一位叫慕尔的美国信徒慷慨解囊捐助的结果，因此教堂也一度就叫作慕尔堂。

沐恩堂20世纪在上海乃至亚洲都名气很大，其中很大原因是它有一个会旋转的霓虹灯十字架。在20世纪30年代，一个慷慨的美国教徒参观教堂后捐钱在钟楼上设计了一个会旋转的霓虹灯十字架。这在当时是非常稀奇的东西，使得教堂名噪一时。

西藏中路316号

比较有趣的是高大的钟楼被设计在教堂西南角

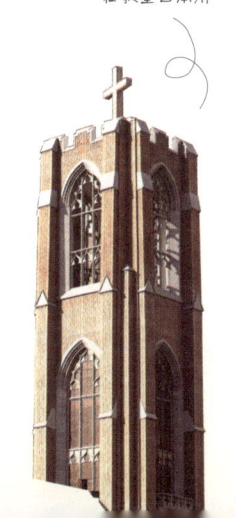

④ 星巴克露台

绿荫丛中看钢筋丛林 ▷

星巴克大多大同小异,但西藏路店却有些不同,因为它有上海绝无仅有的露台。

这是难得的露台,在寸土寸金的人民广场更是难得。露台在二层,实际上是人民公园边的高层绿地的一部分,于是这个露台与一片空中树林为伴。树木张开绿色的枝丫像遮阳伞一样遮蔽了一小片天空。树底下都安装了圆形的椅子,总有情侣坐在树下或草坪上享受斑驳的阳光。

因为是腾空而建,这里视野极好,可以360°地欣赏人民广场的风景。如国际饭店、大光明电影院、沐恩堂等老建筑还是风姿绰约;雄壮的博物馆讲着天圆地方的故事;南京路上,世贸百联竖着天线,像"擎天柱"一样守护着"中华第一街";莱福士商厦前人头攒动,头顶上是从未中断过的巨幅广告。

喝着咖啡,耳边还会传来儿童乐园里孩子们的笑声。顺着

星巴克咖啡

🏠 西藏中路289号
☎ 21137786

外滩·人民广场

笑声望去，一个哥特式钟楼冒出绿色树丛。有趣的是，再远些的现代钟楼在更高的天空中矗立，那是浦西第一高楼——明天广场。难道设计师是在向过去的大师致敬？

无论怎样，从建筑变化中能看出上海时代间隔清晰无比，上海的钢筋丛林也是有故事的。

星巴克露台上的遮阳伞

113

⑤ 人民公园

从跑马场到相亲角 ▷

　　人民公园就像是上海的"中央公园"，占据城市的中心位置，一直充当着"城市绿肺"，给市中心的人们一个可以自由呼吸的地方。

　　其实一开始它只是个英国人的跑马场，但现在连跑马场的半点影子都没有了，都是误入的游客和来此消遣的老人。一座半圆形的遮阳篷像是时光隧道一样，穿过去并没有回到跑马场，反而到了"相亲角"。一块块招牌上贴着征婚的信息，女硕士、男博士、高管、公务员……各种履历在你眼前晃动。一大批阿姨、爷叔聚集着互相闲聊："侬小囡几岁啊，啥地方做，身高多少啊，有房子吗？"从老人一双双焦急的眼神中看到的是这个都市青年人最迫切的问题。有趣的是，从前的婚姻模式在快节奏的现代都市中重现。

人民公园就像是上海的"中央公园"

人民公园已经不会再和跑马场沾边了，但绝不止"相亲角"可游览。每周日，"英语角"都会迎来老中青三代的英语爱好者，当然也有外国人。他们用另一种语言诠释了新时代中西交流的和谐。公园的荷花池保留了硕果仅存的江南园林风貌。荷花池边，老伯伯们摆开了一桌桌牌局，有时围观的人比打牌的人还多。喧嚣中一天的时间就这样被打发了。

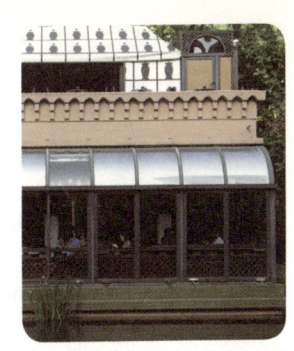

但他们似乎没有发现更美的景色。荷花池后睡莲正开着，倒影之外是一个梦幻般的建筑，它如天外飞仙般落在荷花池中。那是老牌的餐吧，是欣赏公园美景最好的去处。更惬意的去处也许是树荫底下，在斑驳的阳光下打开一本书，一个世界呈现在眼前。更文艺的青年应该更青睐去当代艺术馆消磨时光，而且它的楼顶还能看见上海最美的天际线。如果你是孩子，那自然要去"欢乐谷"，那里的游戏会给你的童年增添色彩。那个游乐场的孩子长大后会不会在"英语角"里学英语？会不会也需要参与进"相亲角"的讨论？会不会在荷花池的餐吧里喝几杯？最后会不会也在池边打牌消磨时光？

更文艺的青年应该更青睐去当代艺术馆消磨时光

⑥ 东泰祥生煎馆

老字号里的上海味道 ▷

东泰祥是生煎界的老字号，在上海颇有名气。就连远道而来的香港美食大叔都禁不住诱惑来专程拜访。

在重庆北路的这家分号，门面并不起眼，在老城区里，它向周围的街坊一样朴实、平淡。进入大门倒是有点现代餐厅的模样，店铺也很宽敞。最意外的是还有敞开式厨房。一个个师傅就在里面现包生煎，做皮子、拌馅……步骤能被看得很清楚。

说是生煎馆，除了生煎，老上海的点心、快餐也都有供应。公司白领王先生经常来这里解决午饭："有时候公司定的盒饭不想吃，就惦记着来这里改善一下。"据他说，到了中午店里常常人满为患，附近上班族都喜欢来这里吃午餐。

东泰祥生煎包

人们喜欢这里的生煎，因为这里有和小时候一样的老味道：皮薄、底厚，皮子有韧性，底上的焦面火候正好，咬着有松脆的口感和焦香，肉里还带着鲜美的汤汁。

经典的菜品还有葱油拌面。这碗面，葱带出香味，酱油调出鲜味，再拌上嚼劲很足的面，堪称杰作。另外，还有放百叶包的油豆腐粉丝汤，放虾仁的小馄饨，虽然都是老上海味道，可老字号总能在细节上给人惊喜。

最意外的是还有敞开式厨房

🏠 重庆北路188号
☎ 63595808

⑦ 十六铺和老码头

停航的老码头 ▷

　　传统外滩从外白渡桥到金陵东路便结束了，再往南是十六铺的地盘。在地产火热的今天，开发商更愿意把这里和外滩联系起来，高雅地称它为南外滩。但在上海人心中外滩是外滩，十六铺是十六铺，两者是独立的地标。

　　实际上十六铺准确地讲是十六铺码头，历史甚至比外滩还久，源头可追溯到清朝咸丰年间。在水运兴盛的年代里，这里是上海的门户，亚洲东部最大的码头。如果你能穿越时空到那个年代，会看到那时的十六铺码头林立，船只挤满江面。放眼望去千帆万旗在风中飞扬，大小麻袋、包袱在跳板上起起落落。各方势力也在这片水上竞争，因为拥有码头就拥有财富。

　　水上旅游中心的建造，让一切旧的建筑不复存在。除了游览的船只，你再也找不到码头的影子。

老码头上复古的街灯

外滩·人民广场

　　如果你想感受一下码头原来的样子，恐怕不得不再向南走，在老码头创意园或许还能看到一点原样。老码头是在江边码头、仓库的基础上改建的。和十六铺不同的是有一些老建筑得以保留，其中样子最旧的是一家叫"水舍"的精品酒店。建筑的外观堪称破旧，斑驳的墙面，生锈的铁铸，完全一派破败老仓库的感觉。但走进里面却是另一番景象，用心良苦的设计，精心摆设的装饰，会把你带回现代。另一个老房子是老码头中心位置的石库门。这家独栋的石库门像一个活化石一样立在中间，周边是红色的仓库式建筑，高级餐厅和酒吧是这里的主题。喷水池、遮阳伞、艳丽的鲜花、老式的建筑构建了上海人又一个休闲地。夏天，这里是深夜看世界杯的好地方，靠江边的人造沙滩更是潮人聚会的首选。平时人们喜欢在铸铁栏杆的阳台上坐下，看看底下石库门和喷水池的奇妙组合，再喝几杯解忧的杜康酒，阳光下他们相谈甚欢。

　　再繁忙的码头终将停航，再多的故事也只能被人遗忘。

喷水池、遮阳伞、艳丽的鲜花、老式的建筑构建了上海人又一个休闲地

🏠 中山南路505号（近复兴东路）

⑧ 董家渡面料市场

做件旗袍怀旧 ▷

　　董家渡原先是低矮平房、里弄密集的老城区，大规模改造后这里最出名的便是驰名中外的面料市场了。

　　"以前常有外国人拿着纸条寻找董家渡面料市场。现在也有，不过很多外国人已经会说中文了。"开了20年出租车的司机王师傅记得10年前就有很多外国人喜欢去董家渡做衣服了。

　　这从一个侧面道出了董家渡的发家史。董家渡面料市场原先是纯粹做面料生意的。董家渡靠近码头，可以直接将货品接到船上来，形成了这样的优势，有些人就做起面料批发、零售生意。起先只有些小老板自己看书照样做简单的裁剪，后来有外国人带着时髦的样板让小老板们制作。剪裁成衣的生意渐渐红火起来，也成为董家渡的招牌。现在的小老板都能加入自己的设计，这更让董家渡备受瞩目。

得到一件只属于自己的旗袍，恐怕是每个女人的梦想。

一匹匹面料在铺子中间陈列着，颜色、品种之多让人眼花缭乱。

外滩·人民广场

董家渡面料市场也随着南外滩旧区改造经历了一轮搬迁，现在面料市场已经搬进宽敞的商厦里。走进去，一件件铺位井然有序地分布着，一匹匹面料在铺子中间陈列着，颜色、品种之多让人眼花缭乱。有些品种的面料一般人叫不上名字来。"只有我这里有！"只要你问，老板都会带劲地强调他家面料的优势。

铺子靠墙位置都摆出了成衣的样子，从男士西服、衬衫到女士礼服、旗袍，各种服饰应有尽有。最有趣的是铺子上都有英文招牌，许多老板也起了让外国人容易记住的英文店名。

不要小看这些铺子，它背后连接的可能是江浙面料加工厂或者长三角的轻纺批发市场，有的生意触角已经伸向东北边贸。有老板称自己给东华大学设计师做过衣服，也许某天你看到秀场模特身着的就是他家的衣服。还有的老板本身已经是小有名气的设计师，还曾上过一些时尚杂志。

只有一种衣服你必须到这里来做，那就是旗袍。上海人普遍认同旗袍不是量身定做的则很难穿上身，因此旗袍定做也成了董家渡的一大特色。带着一颗怀旧的心，享受一番老上海式量身做衣，等上十来天得到一件只属于自己的旗袍，恐怕是每个女人的梦想。

🏠 陆家浜路与南仓路路口

市场里的旗袍

121

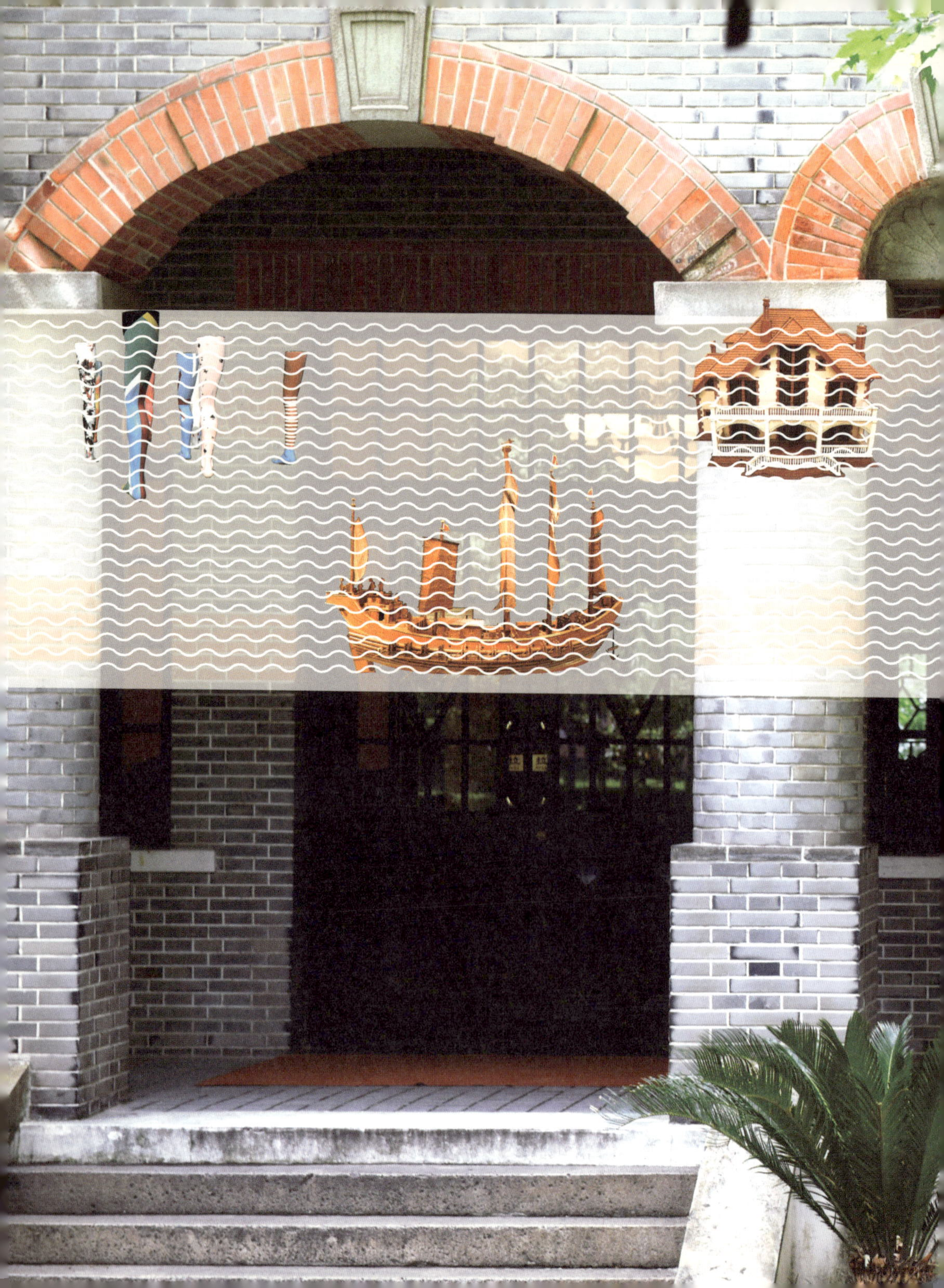

永福路·交通大学

这里没有大型商场，没有暴走的人流、急匆匆的车辆、小小的店面，却有着最高品质的追求，慢慢行走的人们保留着优雅的姿态，或大或小的古居里总有几只红花出墙来……这种精致的生活极其自然地随岁月流走，再有名的名家终究要离去，而这种怡然宁静的生活状态却从未消失。

故居外的精品生活

FANCY FRUIT 的果饮

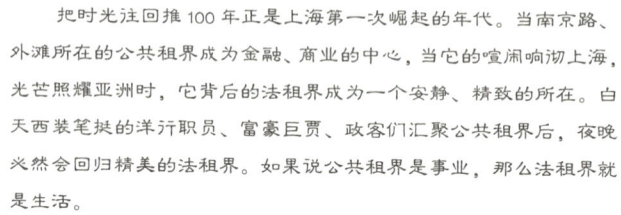

Farine 的面包咖啡

红坊的艺术雕塑

把时光注回推 100 年正是上海第一次崛起的年代。当南京路、外滩所在的公共租界成为金融、商业的中心，当它的喧闹响彻上海，光芒照耀亚洲时，它背后的法租界成为一个安静、精致的所在。白天西装笔挺的洋行职员、富豪巨贾、政客们汇聚公共租界后，夜晚依然会回归精美的法租界。如果说公共租界是事业，那么法租界就是生活。

不仅是政商人士，它也吸引着当时的文化人。当然前提是有经济实力，毕竟不是每个人都消费得起的。即便一个世纪之后这里依旧是高雅的住宅区，尤其深受外国人和文艺青年的青睐。风格和价格未变，只是没有巴金、贺绿汀、宋庆龄、黄兴这样的大家出没街头了。

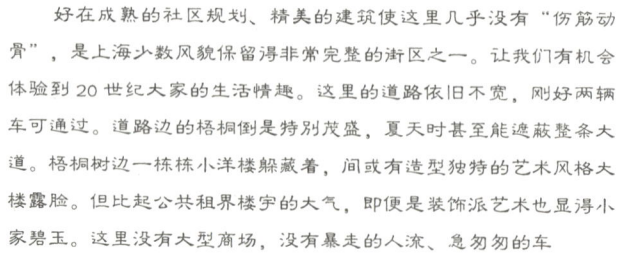

好在成熟的社区规划、精美的建筑使这里几乎没有"伤筋动骨"，是上海少数风貌保留得非常完整的街区之一。让我们有机会体验到 20 世纪大家的生活情趣。这里的道路依旧不宽，刚好两辆车可通过。道路边的梧桐倒是特别茂盛，夏天时甚至能遮蔽整条大道。梧桐树边一栋栋小洋楼躲藏着，间或有造型独特的艺术风格大楼露脸。但比起公共租界楼宇的大气，即便是装饰派艺术也显得小家碧玉。这里没有大型商场，没有暴走的人流、急匆匆的车辆、小小的店面，却有着最高品质的追求。慢慢行走的人们保留着优雅的姿态，或大或小的故居里总有几只红花出墙来⋯⋯这种精致的生活极其自然地随岁月流走，再有名的名家终究要离去，而这种悠然宁静的生活状态却从未消失。

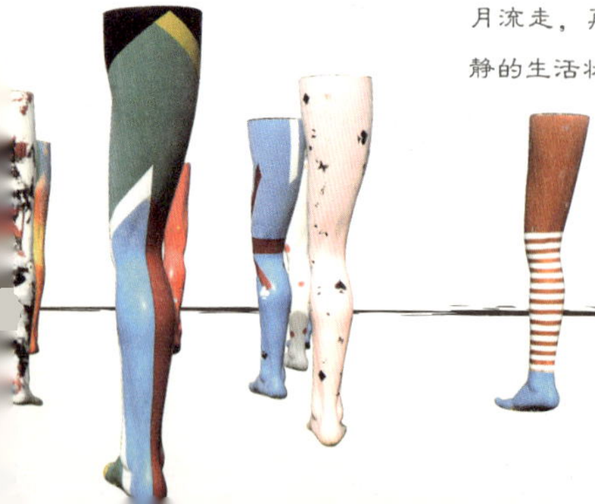

永福路·交通大学

▶ **起始地**
兴国宾馆

路线：①兴国宾馆—②巴金故居—③ FANCY FRUIT—④鲁马滋精品咖啡—⑤ Farine—⑥徐汇老房子艺术中心—⑦宋庆龄故居—⑧交通大学—⑨红坊

◉ **终点**
红坊

125

① 兴国宾馆

五星酒店里的花园洋房 ▷

宾馆漂亮的
壁挂花盆

宾馆漂亮的
飘窗

  稍稍靠近兴国宾馆就能体会它花园的特质。铸铁栏杆里树木都急着爬出来了，洋房的外侧放置着一盆盆鲜花，一年四季吐露着芬芳。在草坪、花园、古树的包围中，兴国宾馆居然坐拥十几幢20世纪二三十年代的洋房。

  踏着柔软的草坪，踱步于曲折的石径，一个个独特的别墅就会映入你的眼帘。戴着黑色边框的三角屋顶、一个个相连的拱券、一根根立柱、各种凸起的造型、一面面画着漂亮图案的窗户……向你扑来，让人应接不暇。西班牙式的、英式的、法式的、乡村式的、古典主义的，各种风格汇聚让你只恨自己建筑知识太过稀少。

  这里起源于太古洋行等外资公司在20世纪二三十年代的投资。由于它们"过分美丽"，这里一直是上海的"掌管者"争抢的对象，你争我夺中流传出众多故事、传说。

126

其中1号楼更是最具传奇色彩的一栋楼，它就在兴国宾馆最隐秘的别墅区前面。足球场大小的草坪是它的地毯。蓝色的斜坡屋顶和白色的古典主义外观结合着，就像在童话里一般。屋顶上有两个白色烟囱和五个老虎窗。二层用爱奥尼柱、一层用多立克壁柱作支柱。

它曾是一家外国冰激凌公司的办公楼，日伪时期则是日本人的乐园，抗日战争后蒋介石经常用作会议、活动场所，新中国成立后又是毛主席的最爱。这只是它众多故事的一小部分。

直到今天它依旧带着些神秘的气息。长廊里部分天花板竟然剥落了，也无人打理；阳台上煞风景地晒着内衣；大门始终紧闭。

好在从外观上看这里风景依旧，草坪另一面树林里，两棵老香樟树展开巨大的"身姿"笼罩着大地，也给底下的石凳撑起一片阴凉。这是你最应该前往的地方。躲在树影下，在遒劲低矮的枝丫旁坐坐。漂亮的1号楼就在草坪对面，在阳光下耀眼夺目。而你的脚下却是一片香樟的枯叶，光影斑驳地打在上面，偶尔打在一两棵不起眼的小野花上。它们坚强地破土而出也是想看看这片花园洋房吗？

两棵老香樟展开巨大的"身姿"笼罩着大地

宾馆中复古的花盆

兴国路72号

② 巴金故居

那年的花又开了 ▷

走过武康路和湖南路交界的拐角处,视线容易被街角突兀的高层大楼吸引而忽略了边上草木缤纷的小楼。这栋容易被忽视的宅子——武康路113号,正是巴金居住最长久的居所。好在门口有上海爷叔静静地发放免费门票,提醒人们这里可以参观。

巴金故居是这一带唯一可以进入的花园洋房,从大门进入是花园主楼的北侧。铺满细鹅卵石的棕色墙面让它的外观看起来简单、朴素。圆形的拱门揭露了它最初由英国人建造的"身世"。南侧墙壁对着草坪,长廊里四扇窗门采集了足够的阳光,也让主人能一眼望见一片绿色。想来这里应该是《随想录》中的"阳光间"了。

从门厅到客厅再到书房、储藏室，几乎原样保留了旧时的模样。丰富的物件几乎能勾勒出巴金下半生的生活、工作状态，这里可以说充满故事。《团圆》（后被改编成电影《英雄儿女》）等讲述抗美援朝的小说，《倾吐不尽的感情》《赞歌集》等多本散文集都是在这里完成的。此外，巴金翻译的《往事与随想》等文学名著也完成于此。故居曾经"谈笑有鸿儒"，萨特、波伏瓦、沈从文、曹禺、柯灵、唐弢等都曾是这里的客人。这里也曾陪巴金走过艰辛岁月。20世纪70年代，妻子萧珊去世，巴金也被剥夺了写作的权利，他把自己锁在武康路寓所北辅楼面积不到三平方米的保姆间里，重译屠格涅夫的《处女地》。

人虽已去，但巴金当年赏过的花木依旧在院子里生长：广玉兰、杜鹃、梅花、樱花、葡萄……每年都按时节点缀着故居。"最好看的还是樱花！"看护故居多年的上海爷叔对这里的花季了如指掌，"最好的时节是5月份，我们这里开得比较晚。"他说故居比较肃穆，只有粉嫩的樱花盛开时才更有鲜活的生机，让人陶醉。

武康路113号

③ FANCY FRUIT

街角的简单甜蜜 ▷

上海人最大的本事是"螺蛳壳里做道场"。FANCY FRUIT 似乎就把这种精神发挥到了极致，仅仅十几平方米的店面却是附近最"甜蜜"的店铺。

店主小许来自江苏，像很多创业者一样此前也是一个不安分的广告人。在水果店之前他已经开过咖啡书店，之所以选择开果汁店，是因为自己一直没有喝到满意的果汁。"我一直想喝最新鲜和高品质的纯榨果汁，但一直找不到。所以，现在我坚持卖最新鲜、最天然的果汁，让客人自己选择自己的'甜蜜'。"小许说除了少部分有品质保证的国内水果，大部分水果是来自国外，例如新西兰的奇异果、墨西哥的牛油果、美国的橙子、南非的西柚、菲律宾的凤梨、泰国的芒果，可以说是一个水果王国。品种之多，以至于常让客人难以抉择。

目前，罕见的牛油果果汁是购买率最高的。这种国人平时不太接触的果汁营养价值特别高，所以最近越来越受欢迎。细细喝一口，你会发现，里面还加了梨汁、柠檬汁，能去掉一些油腻感，同时让口感和香气丰富不少，营养和美味兼得。

除了果汁，店里还有其他东西售卖——英国袋泡茶、不含咖啡因的南非如意宝茶、英国宠物名人巧克力、英国果汁饮料，包装精美加上贴着五颜六色的标签，果汁瓶给店里带来了活力四射的色彩。温暖、鲜艳的色彩把店铺装饰得就像一个童话世界，即便在寒风萧瑟的冬季，走进店铺都有温暖的感觉。

店铺外墙一半是透明玻璃窗，窗子内外设了几个堂吃座位。许多情侣喜欢在这里小坐，看着外边梧桐马路的风景，

永福路·交通大学

马路上的看风景的人也看着"甜蜜蜜"的他们。

香港地区来的Andy和Lucy就是这样一对。"是这里的浪漫和甜蜜让我们不由自主地……"Andy羞涩地笑着继续说,"我们都喜欢这样的感觉,似乎和这里的环境很配!"

武康路115号
15000662246

FANCY FRUIT
的鲜榨果汁

FANCY FRUIT
大部分水果来自外国

上海微旅行 漫游这座城

④ 鲁马滋精品咖啡

真正的咖啡客乐园 ▷

在赵丹故居的对面有一家鲁马滋精品咖啡店。这家店只供应现磨、手泡的精品咖啡，店面小到只适合一两个人相聚。通常手泡一杯咖啡要5分钟。如果人多要等好一会儿才能品尝到。店外人行道上通常会摆一张桌子，坐在这里视野开阔，赵丹的故居就在眼前。头上或许还有枯叶飘飘而下，与此同时新芽也已经悄然生长着。

鲁马滋没有张扬的设计，没有夸张的门面，只有安静的角落和飘香的咖啡，鲁玛滋将一种低调的精品咖啡格调带到了这一区。也许没有比它更适合开在这里的咖啡店了——世界各地优选的咖啡豆，日本老板亲自烘焙，每一杯都坚持纯手工泡制，细腻到每一滴水的水温、每一次滴滤的时间都要精确计算，再加上咖啡师自己的理解和感觉，一杯安静、从容、优雅的精品咖啡才诞生。这里已经成为上海咖啡爱好者私藏的乐园。

"嗨，你好，怎么这么久没来？"

"出差了，我给你带了礼物呢，最近有什么新品给我试试？"

许多客人已经和咖啡师成为要好的朋友，这样的对话在鲁马滋很常见。无论外面的世界怎样变幻，这里永远都是咖啡客最无忧的乐园。

这家店只供应现磨、手泡的精品咖啡

店里的精品咖啡豆

店里提供的咖啡品种

🏠 湖南路9号甲
☎ 34605708
🕐 11:00-19:30

Rumors Coffee

COFFEE ROASTER

⑤ Farine

露台上的法国味道 ▷

"法国好面粉"是烘焙店打开美味大门最关键的一把钥匙

每天下午当你走过武康路梧桐树下的Farine,只要不下雨总是人头攒动着。这些客人都是冲着这里的面包来的。

"没有座位啊?""蛋糕没了!"这是来此地的客人最常说的一句话。对该店的评价中,除了赞美食品之外最多的就是说人多么多,座位多么难抢,心仪的食品已经没有了。这可不是矫情,周末吃饭时间,这里总是人满为患,食品更是一早就被扫空。

那么小的一家烘焙店能有如此"天王级"的受欢迎程度完全靠的是纯正高品质的法国味道,而这一点完全因为他的缔造者是定居上海的法国人Frank,深谙法国美食精髓的他自然能把正宗的法国味道带来。

从 Frank Bistro 到 Farine，Frank 对法国美食执着追求也有 8 个年头了。Farine 在法文中是面粉的意思。"法国好面粉"自然是烘焙店打开美味大门最关键的一把钥匙。这里的面粉都是有机种植，然后纯手工磨制。最传统的法国手法，让小店的香味飘荡在武康路。

当你闻着法国香味，拨开人群踏入 Farine 的店面时，会看到简单的实木柜台、桌椅充斥店堂。没有夸张的装饰，只有开放式的制作空间和聚光灯下的法棍能吸引人们的眼球。手上沾满面粉的厨师当着你的面制作面包着实充满趣味。这些面包师每天会制作 6 炉新鲜的面包，让面包浓浓的香味始终萦绕着 Farine。

面包之外，用法国诺曼底黄油制作的羊角包、当季新鲜水果制作的法式甜点都是受欢迎的食品。浓郁的小麦味、黄油的香气和清新的水果味道已经被越来越多中国客人接受并喜欢。每个周末，都可以看到中外客人聚集在小店门口小小的露台上：家长们牵着孩子一起吃甜品，三五好友聚在一起喝着咖啡聊着天，还有情侣在边上窃窃私语。不同肤色、不同语言、不同国籍的人们济济一堂，同一张桌子上，同一片梧桐树下，品尝法国味道，享受同样的阳光，颇有海纳百川的感觉。

没有夸张的装饰、没有不着边际的吹嘘，甚至没有 Wi-Fi，Farine 始终以最本质的食品和法国味道来吸引食客，期待着大家能注重食材，与亲朋在同一屋檐下分享美食。

面包浓浓的香味始终萦绕着 Farine

武康路 378 号 1 楼

❻ 徐汇老房子艺术中心

让老房子诉说故事 ▷

在武康路、泰安路路口短短百米的距离里大有乾坤。徐汇老房子艺术中心、黄兴旧居、原意大利领事官邸都集中在这里。短短时间里就能从老房子展览中了解上海老建筑，更能从实实在在的建筑中读到老房子的故事。

徐汇老房子艺术中心同时也是武康路旅游咨询中心。因为武康路的建筑在上海历史建筑中非常具有代表性，索性在这里开一个老房子的展示窗口，向游客介绍上海老房子的故事。

大堂里漂亮的武康路洋房模型

永福路·交通大学

🏠 武康路 393 甲
☎ 64335000

刚踏入中心前厅，便能看到老房子里的老式台盆、烤箱、铁床等，在老式吊灯和带着瑰丽花纹的地砖配合下让人大开眼界。走入大堂，一批中年阿姨正在参观，大堂里漂亮的武康路洋房模型让她们震惊。虽然都是上海人，但似乎她们并没有如此细致地看过这些老房子。"嗲的，嗲的！格房子哪能噶漂亮？！"赞叹不绝于耳。一边墙上挂着从老房子上拆下来的物件，如门把手、铰链、筒瓦、红砖、青砖等，边上有详细的文字解释，一下子能让你充分了解老洋房的建筑材料与构架。剩下的墙面上则挂着老房子的照片。

最后，参观者可以前往视频厅，坐在考究的古典靠背椅上慢慢聆听老洋房的故事。"一会儿我们就会去看这个'罗密欧阳台'。""罗密欧阳台"是上海知名作家陈丹燕在《上海的风花雪月》中对武康路上一意大利式阳台的浪漫描述。现在成了武康路的"地标"。

再仔细看看中心的建筑设计，你会发现有文艺复兴时期建筑的感觉。建筑一二层是贯通的，中间是不规则的椭圆形大厅。地面复古的花纹地砖勾勒出大厅的形状。二层铸铁花纹栏杆透露着不凡的文艺气息。最令人印象深刻的是顶部超大的彩绘玻璃装饰。

墙上挂着从老房子上拆下来的物件，如门把手、铰链、筒瓦、红砖、青砖等

137

⑦ 宋庆龄故居

故居里的香樟树 ▷

淮海中路1843号香樟树包围着的花园洋房是淮海路上一座重要的建筑。其实它与边上的花园洋房相比并无特别之处，只因为宋庆龄曾在这里居住才让它有了特别的意义。

宋庆龄从1948年到1963年在这里居住了15年，是她在上海住得最久的居所。如今这座建筑已经成为宋庆龄故居被保护起来。门口笔直站立的武警突显了它的重要性。记忆中上海只有极少数故居有这样的待遇。

踏入大门，最先进入视野的是副楼。楼前有一尊汉白玉宋庆龄雕像，坐在藤椅上的宋庆龄分外慈祥、端庄。许多游客第一件事就是和宋庆龄的雕像合影。照完相，游客就很自然地踏入背后的文物馆。这里的文物不局限于宋庆龄在上海时所用的物件，而是从她读书到结婚再到逝世几乎整个人生历程中的物

坐在藤椅上的宋庆龄分外慈祥、端庄

件都出现在这里。许多实物是宋庆龄人生中很小的细节，却完整地勾勒出她的人生轨迹。例如从其父使用的基督教书籍表明了她出身家庭的背景；几张文凭完整地交代了她受教育的背景；与孙中山的誓约中能看到民国望族间爱情与婚姻的规则；一些政党证件和会议记录从一个侧面展示了当时的政治环境；和各政要、名人之间往来信件则突显宋庆龄在中国历史上重要的地位；最有趣的还是宋庆龄心爱的唱片、衣服、手提包等，讲述一个更真实、有血有肉的宋庆龄。

在参观文物馆之余更重要的事当然是看看宋庆龄的房子。故居占地面积4300平方米，洋房的建筑面积也有700平方米，前后都有花园，花园里的樟树特别多。出现在苏教版四年级下册语文书中的《宋庆龄故居的樟树》讲的就是这里的樟树。

国民政府授予宋庆龄的抗战胜利勋章

🏠 武康路393甲
☎ 64335000

❽ 交通大学

老房子里寻觅南洋公学风 ▶

交通大学是上海最有趣味的学府，它是国内唯一一所跨越三个世纪、保留发源地与办学地不变的高校。淹没在徐汇高楼里的交通大学，就像是拒绝改变的老人执着地用老建筑、树荫下的石碑讲述南洋公学的故事：1896年盛宣怀这个清末的洋务高官在上海设立南洋公学，一口气从师范到大中小学皆有，从此翻开中国近代教育的新篇章，也给我们留下了闹市中的交大。

故事的发生从校门就开始了。看到那雕梁画栋古色古香的中国传统门楼，分明更像是在北京。门前矗立两根古老的路灯，上面写着"校门桥"的字样。原来南洋公学门前还有河流过，今天它面对的只有宽阔马路上的车流了。其实学校校门只是简陋的木牌楼，现在看到的校门和路灯还是当时爱心人士和校友捐建的。

董浩云航运博物馆里的木帆船模型

新中院则已经是"董浩云航运博物馆"

从正门进入没几步路就会看到右手边草坪中南洋公学的界碑和石磙，这恐怕是南洋公学留下最老的物件了。边上还有一个花岗岩基座，上部本该有一尊荣熙泰先生的铜像，现在不知所踪。不过他的家族捐助过的老图书馆就在背后，依旧屹立不倒。

从老图书馆开始，过客们可以经历一次令人兴奋的历史建筑之旅：1918年的老图书馆窗户的油漆都已经斑驳了；体育馆长廊里的罗马和巴洛克风格交织着；南洋公学中院里的吊灯还在优雅地发光；新中院已经化身为独具特色的艺廊；工程院在装饰艺术中透露着哥特风；总办公厅门前的石狮子还在尽忠职守……这里的建筑恐怕三天三夜也说不完。

最让人开心的是大楼基本能自由出入。老图书馆里有校史馆，从南洋公学到交通大学的历史有详尽介绍。最令人印象深刻的是著名校友之多，不得不分三个阶段，贴满三面墙。新中院则已经是"董浩云航运博物馆"，向游人介绍中国航运的历史。即便没有任何展览，老建筑里穿梭也是奇妙的。踏着光滑的大理石台阶，抚摸着回旋楼梯的木把手，看阳光从各种风格的窗户中透进，仿佛触摸到了中国近代教育的脉搏。最神奇的是穿过工程馆哥特式的尖拱券门，竟然是一片绿油油的中庭。爬上铁楼梯俯瞰，一片梧桐护卫着中庭的道路，在阳光下学生从哥特式的门洞中缓步而行，一片祥和。

华山路1954号

最让人开心的是大楼基本能自由出入

⑨ 红坊

自由的艺术天地 ▷

红坊的主题是雕塑

红坊是上海又一个有趣的创意老厂房。陈旧的钢厂被重新"擦亮",新老建筑和草坪以及奇怪的雕塑共同组成了一个自由的艺术天地。在这里度过一个悠闲的艺术之旅永远是个好主意。

红坊的主题是雕塑。在翻着波浪的草坪上奇怪的雕塑把人们带到一个"二次元空间":邓小平巨大的头像坐镇中央,爱因斯坦的眼似乎刚刚睁开;厂房红砖做的"奔驰"准备启动;不远处的铁马看上去更威风;一条条色彩斑斓的大腿迈开了步子;许久没用的超大"烫焐子"散发着余热……家长带着孩子来草坪玩耍,情侣们则在自拍。一堆姑娘涂上防晒霜"清凉上阵",引来保安"侧目"。

新老建筑和草坪以及奇怪的雕塑共同组成了一个自由的艺术天地

永福路・交通大学

如果你走进原来十钢的厂房，那里的雕塑更让人目不暇接。实际上这里已经是上海城市雕塑艺术中心。厂房在一楼展示艺术品的同时其他楼层作了商用。艺术品中间有办公室女郎路过，"滴答滴答"的高跟鞋敲奏出别样的节奏。

一个转身告别雕塑，你可能就会遇见咖啡馆、写真店、独立画廊、设计品牌店、办公楼。这里的秘密是：商业和艺术融为一体。许多店家店里店外设计感十足，甚至比艺廊还艺廊：贝雷帽变成了灯，摇椅木马悬在二楼，三层楼高的铅笔在办公室前矗立。走在爬山虎包裹的红色厂房间，一个个橱窗、一个个露台都可能是一个画廊。这里的艺术没有阻拦、没有规则。这里是吹着自由之风的艺术天地。

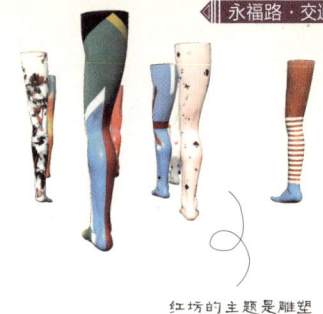

红坊的主题是雕塑

🏠 淮海西路 570 号

143

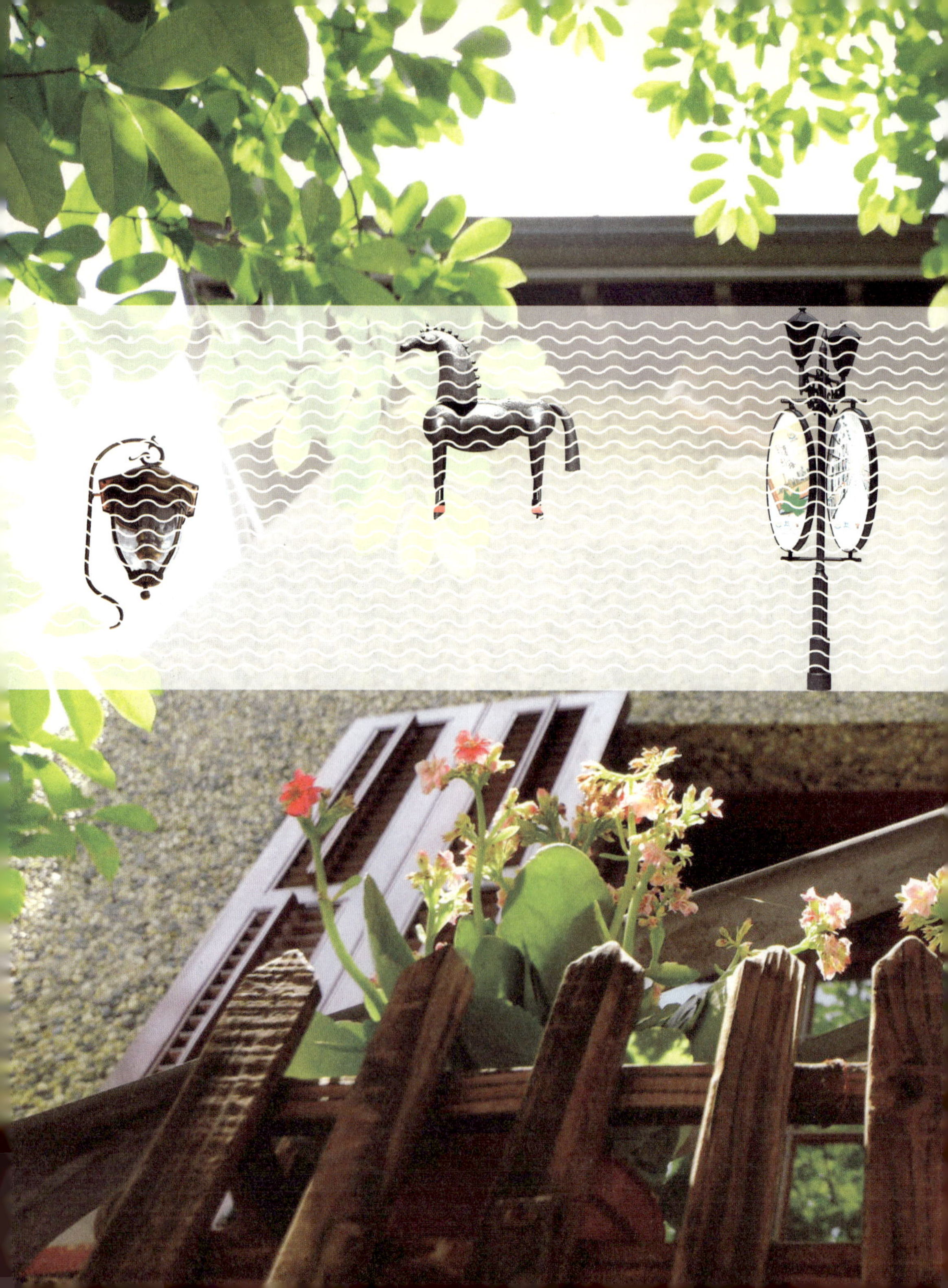

思南路·复兴路

这是上海第一轮黄金时代的遗存。这里种满了梧桐树，也充满了法租界的浪漫。

从思南路上的公馆到泰康路的石库门，从瑞金路的花园洋房到复兴路的老派公寓，这里有着太多的老上海风景。

从洋房到石库门，
重回老上海居民区

复古的壁灯

特色咖啡

荣记牛杂

这是上海第一轮黄金时代的遗存。这里种满了梧桐树，也充满了法租界的浪漫。

从思南路上的公馆到泰康路的石库门，从瑞金路的花园洋房到复兴路的老派公寓，这里有着太多的老上海风景。

在时代风云中这里也曾经是中国政治变幻的"风暴眼"。如今佝偻着背的阿婆慢慢走出石库门弄堂，她还在回味与时代伟人交流的光辉岁月。威廉王子也忍不住在这里寻找英国的影子，但得到更多的是中国旧时代的传奇故事。冒险家曾经在瑞金路上用不动产宣告自己的实力，却不得不臣服于历史车轮。不可一世的法国殖民者曾经在这片土地上享受着最上流的生活，转眼接替他们的是这个城市不分国籍的"新贵族"。唯一不变的是这里一贯的低调与奢华。

诸圣堂里又传来了礼拜日的祷告。已经老旧的公寓里还藏着一直坚守的信仰。就在不远处，老牌石库门已经成为新的时尚地标，新一轮的优胜劣汰让更多的石库门弄堂成为废墟。

在新一轮的去旧迎新中，还有老字号重登大雅之堂，老上海的味道似乎没有断。与此同时中国台湾小伙和本地青年就像是新的"冒险家"，要在这里创造自己的传奇。还是冒险，还是梦想，还是那片梧桐树，只不过做梦的人换了一批又一批。

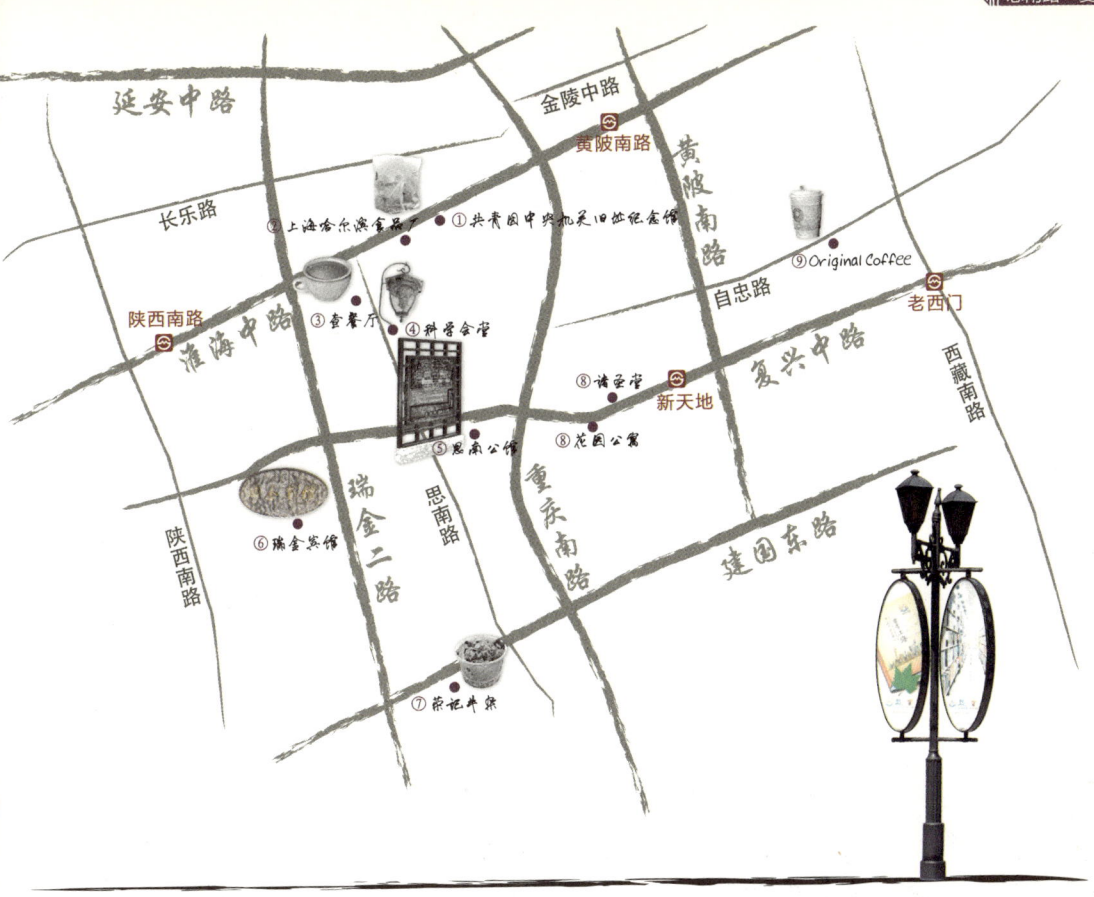

思南路·复兴路

▶ 起始地
共青团中央机关旧址纪念馆

路线： ①共青团中央机关旧址纪念馆—②上海哈尔滨食品厂—③查餐厅—④科学会堂—⑤思南公馆—⑥瑞金宾馆—⑦荣记牛杂—⑧花园公寓和诸圣堂—⑨ Original Coffee

◉ 终点
Original Coffee

147

① 共青团中央机关旧址纪念馆

石库门里的机关 ▷

渔阳里是法租界里典型的旧里，石库门楼宇躲在繁华的淮海中路，几乎是这条马路上最后的石库门。

它的存在似乎是对淮海路历史的活的见证，更重要的是共青团从这里起步，也许这才是陈旧石库门能存活的真正原因。

在喧闹的淮海中路若不是有大大的招牌指示，你很可能错过这个纪念馆。当我们中午到达弄堂口时，90多岁的阿婆一眼就看出我们是冲着纪念馆去的："关门了，中午休息。"这位阿婆是在这里住了几十年的老上海。遇到前来探访的人他常常会热心指点："第二条弄堂，下午再来吧。"

石库门躲在繁华的淮海中路

阿婆住的地方离团中央旧址纪念馆并不远,那是老上海最正宗的欧式石库门。万国旗常年飘荡在空中,房屋上有欧式的装饰,黑漆漆的大门上却出现了中国式的兽头门环。挂着6号门牌的石库门若没有挂在外侧众多的招牌,和边上的石库门并无二致。1921年共青团前身社会主义青年团诚里,这栋房子就是共青团最早的中央机关办公地,当时周围都是这样的石库门。中国共产党的初创者们经常进出这里,第一代领导人多多少少都在这里办过公。普通的石库门在当时是最低调的掩护。

而今天周围石库门大都变成了高调、高端的商厦,奢侈品在橱窗里吸引眼球,繁忙的街道上车来人往。很少有人注意到它的存在,更少有人知道那个改变中国的《新青年》与它只有一墙之隔,也只有路面施工时才会因为它的存在而绕一个弯。这里依旧生活着渔阳里的老住户,即便那些当年见证者的后代也已经是古稀老人了。他们倒是对这座"机关"记忆犹新。"以前毛主席、周恩来倒是经常来的,我们都看到过。"那个阿婆郑重地告诉我们,"他们还给过我儿子压岁钱呢。"说完这个佝偻着背的身影就消失在墙壁斑驳的老石库门弄堂里。

淮海中路567弄2号

中国社会主义青年团中央机关旧址纪念馆中中国青年英模展厅

149

② 上海哈尔滨食品厂

闻着奶香味排队等候老味道 ▷

上海哈尔滨食品厂，听名字挺土，却是上海正宗的老味道，老牌子。

上海哈尔滨食品厂诞生于20世纪30年代，以俄式西点起家。和许多老字号一样也一度濒临破产，通过管理和品质的提升又获得了新生。最近还搬到现在这个更大的店面里。

每天上海哈尔滨食品厂门口照例都会排起长队。队伍有时能排十多米长。走进店内，窗明几净。柜台上服务员忙着装袋、称重、收银，一刻不停。靠墙的玻璃柜里全是新鲜的点心，起司蛋糕、焦糖、杏仁饼……中西糕点应有尽有。一旦一炉新鲜点心出炉，店里就会飘起浓浓的奶香味。

"哈氏"纸袋

上海哈尔滨食品厂，听名字挺土，却是上海正宗的老味道，老牌子

150

香味又勾起了老上海人的回忆。当年上海哈尔滨食品厂的蝴蝶酥冠绝上海,只有国际饭店的西饼店可以与之媲美。而登山蛋糕更是因为上过珠峰而颇具传奇色彩。

排十几分钟队后,顾客终于可以拿到那个熟悉的"哈氏"纸袋。领着装满糕点的纸袋,心满意足地走出店门。有的迫不及待地就在店里吃了起来。与过去不同,现在一楼专门辟出一块地方做成咖啡吧。除了各种饮料,店里还温馨地增设了免费Wi-Fi。如果你踏上二楼,更会有意外惊喜。吧台上有旧旧的留声机,一对人偶守候在旁。墙上满是老上海的黑白照片——穿街而过的老电车、弄堂里游走的废品黄鱼车、拥挤却充满人情味的弄堂……坐在沙发上,看着窗外淮海路的梧桐,仿佛穿越到了老上海。

也许你也禁不住诱惑排队买了蝴蝶酥。临走时你不妨再看看纸袋,上面写着"勾起你温馨的回忆"。

队伍有时能排十多米长

上海卢湾区淮海中路613号
53832451

③ 查餐厅

奶茶可谓茶餐厅的招牌

老电影里走出的茶餐厅 ▷

思南路这家茶餐厅一上市就成为沪上餐饮新宠，它就是查餐厅。

餐厅老板来自香港地区，原来是制作电影的。也许是自己的品位使然，也许受职业影响，他像电影布景一样把餐厅作旧。巨大的木质吧台横亘在餐厅深处。老式的大钟、壁灯挂在墙上，还有若干吊扇吊在头顶，地砖是经典的黑白菱形，对应着古典的菱形彩色花玻璃，堪称经典。墙壁有一半也照旧披上了瓷砖，紧靠着墙壁的当然是经久不衰的卡座，卡座上方设有几块仿旧的黑板，黑板上端正的楷书繁体字特别抢眼。这些装饰一下烘托出了老式茶餐厅的氛围。

巨大的木质吧台横亘在餐厅深处

上海卢湾区思南路30-4号
60932062

装饰让餐厅就好像是从老电影里走出来的。上海的"70后""80后"几乎都是看着香港电影和电视剧长大的，这种港式的怀旧，让他们既陌生又熟悉，一下就触动了怀旧的心思。

上海的年轻人十分追捧这个怀旧餐厅，餐厅一下子火爆起来。赶上饭点，几乎都要排队，常常需要拼桌。一个茶餐厅生意火成这般实属罕见。

幸而餐厅的味道到位，没有白费这排队的辛苦和与生人同桌的尴尬。其中，最受推荐的是奶茶。奶茶可谓茶餐厅的招牌。查餐厅的奶茶得到了"港式丝袜"的真传，茶味浓香，又不涩，奶稠滑度刚刚好，可谓奶茶中上品。如果你喝冻奶茶还会发现冰块也是茶色的，原来就是用奶茶冻成的，这样就保证奶茶在冰融化后仍能保持原有的香浓度。此外豉油鸡也算是不错，豉油香味被完全烧进鸡里，鸡肉处理得够嫩滑，没有肉渣，保证了良好的口感，吃完还有豉香回味。至于其他菜品也都上得了台面，算得上正宗，所以大量广东客人也慕名而来，每次去都能听到满耳的广东话。

当然查餐厅也有一些遗憾，比如餐厅没有云吞面，因为生意火爆难免会疏忽和等待。不过总的来说，查餐厅值得一试。

壁灯挂在墙上

④ 科学会堂

法国总会的奢华重生 ▷

走到思南路与南昌路路口,一座高大的现代建筑挡住了视野。它好似一艘帆船驶进了梧桐绿海。它叫科学会堂思南馆,属于科学会堂。再往前,同属科学会堂的黄色洋楼外鼓出一顶顶半圆形的古典遮阳篷。遮阳篷下是用炫酷的技术打造的各种展示窗口。那些新奇的光电影像、模型常常引人驻足。

然而今天这些只是科学会堂的一角,真正的"大餐"是科学会堂的一号楼——原法国总会会所。这栋建造于20世纪初的恢宏建筑是当时法租界最重要的交际、娱乐场所。它的一扇大门开在安静的南昌路上。在梧桐树荫下,灰色鹅卵石铺满外墙,白色勾勒着它的拱券门洞、窗框和屋檐下的装饰。巨大的梧桐遮天蔽日以至于站在南昌路上望不到它们的屋顶,更让它低调、安静到极致。

墙壁上复古的壁灯

油光可鉴的硬木地板倒映着这些梅花树

思南路·复兴路

斗胆穿过门廊，并无人阻挡。大厅中央是宽阔的回旋楼梯，彩色屏风背面是留声机和古典欧式家具。只是两把椅子、一个柜子似乎把人带到了20世纪法国人的世界。大厅还有另一扇门朝着南面打开，一片绿油油的草坪就在门外，草坪上一棵香樟树优雅地撑起一片阴凉。三两个姑娘在树荫下闲坐、拍照，还有孩子在一边的喷水池嬉戏，一派人间乐土的景象。

一楼南侧还有一道长长的长廊，落地窗投来一格格的阳光。笔挺的服务员优雅地走过。一边墙上贴满了大师的绘画作品，另一边落地窗外是舒服的露天座椅。几个衣着鲜亮的客人在阳光下享受雪茄、红酒。一个世纪的轮转，这座建筑还是恢复了最初的功能，依旧是这个城市最上流的交际场所。

如果踏着硬木楼梯来到二楼，那更是一个宫殿般的地方。北侧巨大的玻璃窗彩绘出梅花树的图案，油光可鉴的硬木地板倒映着这些梅花树。弧形穹顶做满了各种装饰，中间还吊着几个铜铸的吊灯，抽象的当代艺术作品分立两侧墙壁。如果走过两侧房间，可以看到各种装饰典雅的包房，有的是欧式的，有的中国风浓郁，每一间房间似乎都是一件艺术品。

门里是一块漂亮的彩绘玻璃屏风

🏠 南昌路47号

155

上海微旅行 漫游这座城

⑤ 思南公馆

法租界洋房的精致生活 ▷

　　1920年，这一年沿法国公园（French Garden，今复兴公园）南面的辣斐德路（Rue Lafayette，今复兴中路），首批花园大宅拔地而起。随后的十年里，"辣斐德路"以南，"马斯南路"（Route Massenet，今思南路）以东，"吕班路"（Avenue Dubail，今重庆南路）以西地区的花园洋房陆续建成。一时间上海滩军政要员、老板大亨、专业人士和知名艺术家纷纷入驻，思南路成为当时上流社会汇聚的地方。

　　时光流转百年，思南路依旧是梧桐深处精致的马路。洋房还在风中矗立，51栋洋房被贯通，在上海独占一景。

古典的思南公馆路标

树荫底下白色餐布铺上长桌，银色餐具闪闪发光，树木间隙中小巧的阳台隐约可见

走进这片"公馆区",你立刻就被风情万种的洋房包围。仔细看看它们似乎是差不多的样子,都带着浓郁的法式别墅特色。别墅一般为三层,灰色的鹅卵石铺就,屋顶斜坡特别多,错落有致,红色百叶窗阻隔着阳光。最有趣的是一楼总是有一段下沉式的门廊,门洞是宽阔的尖拱形状。门廊里一般使用法式落地窗,一侧继续开尖拱采光,一侧则是通往二楼的楼梯。楼梯上还精心设置了花篮,鲜艳的小花在阳光下分外耀眼,给单一的色调带来一丝活力。

昨天豪门望族入驻的公馆,今天已经是高级品牌、餐厅、酒店的天下,老上海的历史风貌区毫无悬念地装上了奢华商业。尤其是酒店边有一条林荫道,两边洋房一间连一间。树荫底下白色餐布铺上长桌,银色餐具闪闪发光,树木间隙中小巧的阳台隐约可见。穿着光鲜亮丽的客人们在绿荫中品着美酒和美食,恍惚之间仿佛到了法国乡间。

复兴中路 523 号

157

❻ 瑞金宾馆

传奇的一号楼 ▷

瑞金宾馆为英国商人马立斯·本杰明家族在上海的房产（本杰明家族还是中国最早的英文报纸的经营者，同时也经营赛狗场）。庭院幽深的瑞金宾馆在当时顺理成章地被叫作马立斯花园。大花园内绿草如茵，参天巨樟如盖，房屋都是欧陆府邸式样，高大宽敞。花园里还坐落着不同风格的亭子、葡萄架长廊及大理石喷水池等，流连其中，让人恍若来到一个闹市公园。

现在的瑞金宾馆1号楼当时是马立斯花园的主楼，旁边的2号楼是辅楼。主楼造型为英国新古典主义风格府邸建筑，在样式上借鉴的是路易十四初期至路易十六早期的宫廷建筑。楼内装修为典型的英国古典建筑风格，使用桃花木雕护壁、柚木拼花地板、大理石地坪和大理石廊柱，大餐厅内还挂有水晶大吊灯。二楼的屏隔为双狮戏球、孔雀开屏、万年长青图案，中式风格浓厚。窗格上则多用吉羊、双线、连环、方胜等中国传统符号。部分家具也是中国古典式样的红木家具，流露出前主人对中国文化的喜爱。

椭圆形的大理石上刻着"瑞金宾馆"

瑞金宾馆在当时顺理成章地被叫作马立斯花园

另外，瑞金宾馆3号楼坐落在花园最深处，是造型华美的现代风格洋楼。花园东北部的4号楼是一幢独立式红墙斜顶的意大利文艺复兴时期风格的庄园别墅。

瑞金宾馆的洋楼饱经风霜，尤其是1号楼。它的缔造者是旧上海典型一夜暴富的"冒险家"，从赛马起家，逐渐成为报业和地产大亨。1927年蒋介石与宋美龄在一号楼玫瑰厅订婚。今日，楼内仍有一块写着"蒋介石、宋美龄曾在此订婚"的石牌。"二战"中这里是贩卖鸦片大烟的烟馆。

现如今，静静地横卧在绿草如茵的草坪上的1号楼，由园林建筑专家陈从周教授取名为"卧茵楼"，在其底层开设了风味独特的咖啡吧，咖啡吧前的大草坪则成了步入婚姻殿堂的新人们拍照的首选之地。3号楼现名为绮思楼，楼底的长廊已改作酒吧，稳重的桌子和椅子，朴实而雅致。屋子里面保留着老式的砖墙、老式的橱、老式的灯、老式的摆设，把人带回久远的年代。

毫无疑问，精致的瑞金宾馆已经是上海的时尚地标。然而对于充满传奇和故事的老房子而言，它自身的经历已经足以说明一切，那些细节反而显得无足轻重了。

精致的瑞金宾馆已经是上海的时尚地标

瑞金二路118号

⑦ 荣记牛杂

荣记牛杂

上海最容易错过的好味道 ▷

酒香不怕巷子深！这句话用来形容我们下面要介绍的店最合适不过了。

隐藏在田子坊弄堂深处的小店荣记牛杂堪称上海最容易错过的好味道了，因为店面小，位置隐秘。

这个小店，店内总共十几平方米，宽度才1米左右，两个人并排走进去都有些困难。整个店只有5个座椅。

即便如此这里还是每天有忠实的食客登门到访。店面装修很有港式风格，一走进门口就能闻到空气中飘着的肉香味。门口的操作台上放着新鲜出炉的牛杂，帅气的微胖老板手持剪刀上下翻飞，不一会就做出一大碗牛杂来。"要不要香菜啊？加点那个酱更好吃哦。"老板非常和善。

手打的丸子配合瑶柱、莼菜等，入口香滑

思南路·复兴路

🏠 田子坊210弄7号10室

吃牛杂最重要的是干净。老板说每天凌晨就开始搬运新鲜的牛杂过来，开始整理、清洗。处理过程都是用手一点点撕去牛杂上的油脂，光这个清洗过程就要花费很长的时间。清洗过后，将牛杂和香料放入牛骨老汤中开始熬煮，小火炖一晚上，再加入萝卜炖至2小时，才是呈现在我们面前的萝卜牛杂。牛杂有的酥烂，有的香脆，里面的萝卜更是吃足了牛杂的"荤香味"成为最够味的亮点。整体味道呈现出正宗港澳牛杂的风味。老板自己也承认是偷师澳门的"荣记"，基本保持港澳牛杂的制作方法。

除了牛杂，碗仔翅也很惊艳，手打的丸子配合瑶柱、莼菜等，入口香滑，带着海鲜的甘甜，而且食材多样，口感丰富。

老板还推荐爽口的甘柠冻、筋道的咖喱鱼蛋，都是正宗港澳风味。他和另两位小伙伴合开了这家店。他说，不为挣大钱，只为自己喜欢。不过田子坊高企的租金让他们感受到前所未有的压力。"我们也在找新的地方了。只要租金再涨这里肯定做不下去了。"看来还没去的食客要抓紧了，这个巷子里的美味很可能要在田子坊的地图上消失了。

帅气的微胖老板手持剪刀上下翻飞，不一会就做出一大碗牛杂来

161

⑧ 花园公寓和诸圣堂

重回 20 世纪的社区 ▶

在精致的洋楼中它并不起眼，它不是别墅，也不是带草坪的大洋房，它只是 20 世纪 20 年代末的平凡公寓楼——花园公寓。

这座欧式五层公寓住宅，是折中主义的建筑。外侧装着黑色的铸铁栏杆，拱券下小店静悄悄地营业着。抬头看去，巨大的壁柱贯通上下，却不落地，正好压到一楼小店的头顶。在壁柱四周有简单的古典装饰。

两个宽阔的门廊对着复兴中路，放眼望去门廊那头竟然有一个花园。路人好奇地走进去："原来真有花园啊。"花园的公寓和一排当代建筑像是四合院一样围成一个口字，中间全部是花园。这里的花园树木品种繁多，秋天枫叶染红一片树林，花卉更是繁茂，每一季都能开出漂亮的花朵。一个老人在夕阳下缓步走出公寓，他的身影之上是拱形的木窗和精致的花纹铁栏杆，窗户两边又是带着各种古典装饰的壁柱。再往边上看阳台上挂满了衣服和被子。建筑的上空又浮现出新建造的摩登建筑。

拱券装饰下小店静悄悄地开着

思南路·复兴路

　　从门口进入大厦内部，旋梯狭窄多弯，若不开灯有些昏暗，只有外侧的窗口才透着些阳光。阳光下铁栏杆的花纹映在花岗岩阶梯拐弯处，楼梯木扶手下的铸铁也被照亮。

　　大楼里很安静，只有收衣服的老人进进出出，一转眼那个老人也不见了踪影。

　　像这个老人一样这幢楼的前身也无从寻觅，只能猜测它或许是法租界里白领们的居所，其中不少人应该信仰基督教。因为一街之隔就是诸圣堂。

到处都是大大小小的立柱、拱门和拱窗

　　在淡水路交会的十字路口，有一栋典型的红砖结构的尖顶式建筑，这里就是诸圣堂。它建成于1925年，属于典型的17世纪高派教堂。它和派客公寓是同时代的建筑，不难想象20世纪20年代，这里已经是法租界里的基督徒社区。

　　这座教堂在"文革"时期遭到过破坏，幸好现在已经修复，我们才有机会走近他。周日我们踏进它的大门，教堂工作人员误会我们是前来礼拜的基督徒，把我们引入教堂。在圣洁的诵诗声中我们有机会仔细看看这座古典与新潮结合的建筑。

花园公寓复兴中路455号，
诸圣堂复兴中路425号
诸圣堂 63850906

163

⑨ Original Coffee

水果遇见咖啡 ▷

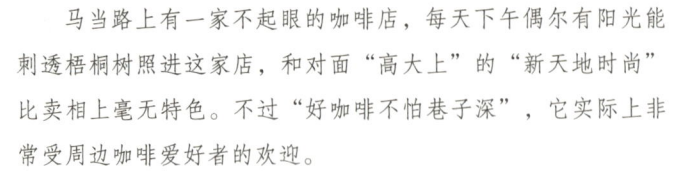

咖啡杯出水口设计成了心形

马当路上有一家不起眼的咖啡店，每天下午偶尔有阳光能刺透梧桐树照进这家店，和对面"高大上"的"新天地时尚"比卖相上毫无特色。不过"好咖啡不怕巷子深"，它实际上非常受周边咖啡爱好者的欢迎。

来自中国台湾的年轻老板，自己烘焙的咖啡豆和味全鲜奶、新鲜水果创出果味咖啡，其中最受欢迎的是橘皮拿铁，成为周围白领的至爱。橘皮的清香弥漫在拿铁中，轻轻喝一口，浓浓的拿铁味中能回味出橘的甘甜，口感顺滑同时给人清新感。白领张小姐说起橘皮拿铁是赞不绝口。她还特别喜欢这里的咖啡纸杯，因为咖啡杯出水口设计成了心形，让人感受到一股小清新之风。

自己烘焙的咖啡豆和味全鲜奶、新鲜水果创出果味咖啡

思南路·复兴路

　　小店周边的咖啡客都养成了来这里喝一杯的习惯，唯一两张桌子成了马当路上少有的露天位。女白领喜欢尝试果味的咖啡、茶，住附近的外国人更喜欢纯粹的浓缩咖啡。中午便是这家店最忙碌的时间，门口的两张桌子根本不够用。

　　生意做久了，老板的性格也像他的咖啡一样受欢迎，隔三岔五有路人向他问好，有时还要聊上半天。亲切、随意的氛围伴着咖啡香飘散在马当路的梧桐树下。

马当路 274 号
53833180

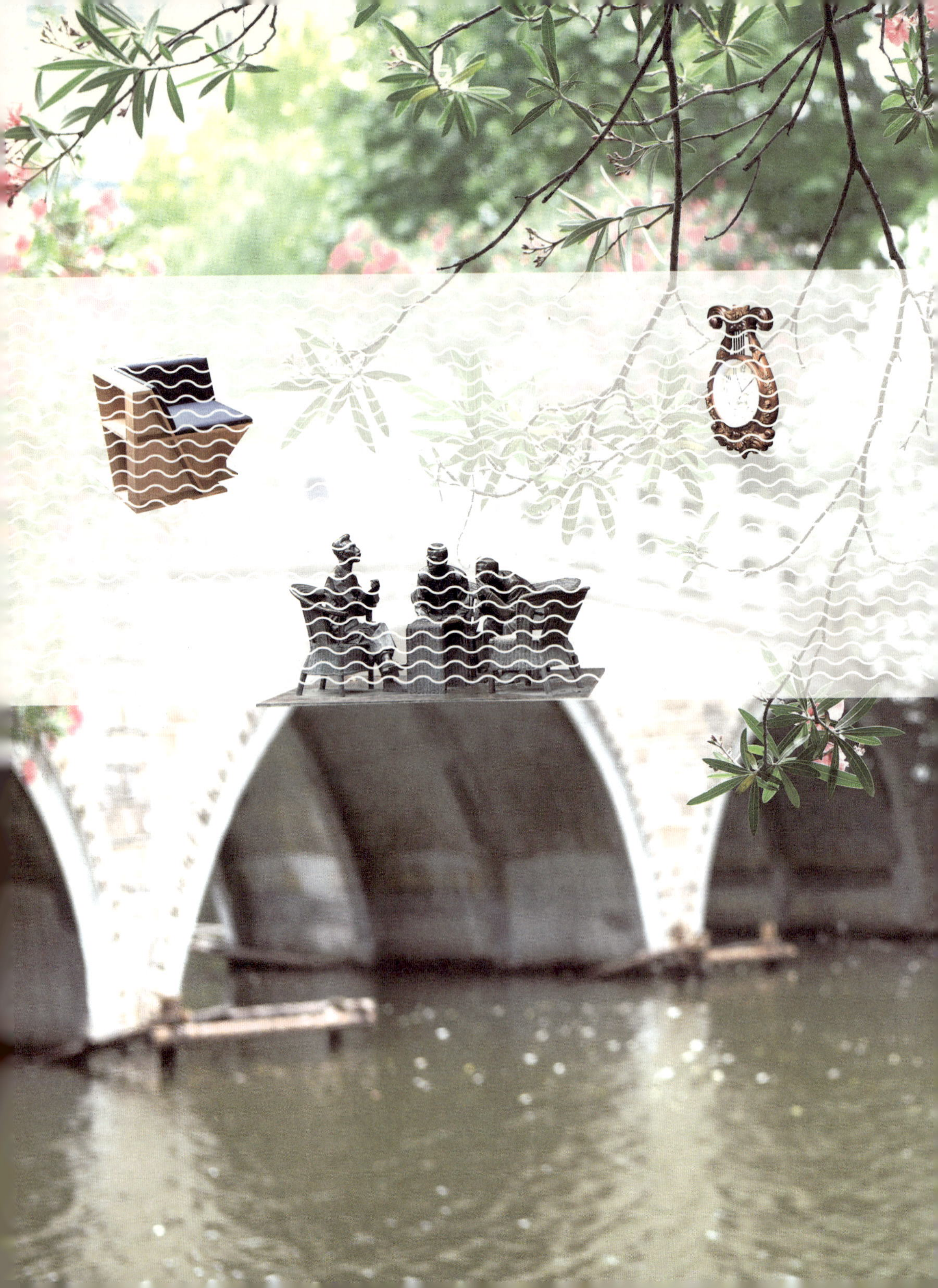

NO.8
Hongkougongyuan · Beiwaitan
虹口公园·北外滩

由于虹口发展得不疾不徐，那积淀已久的市民气息还没散去。清晨，中老年舞者已经在鲁迅公园中展露舞姿。边上几乎不通车的小路上的点心店里热气腾腾的糕点迎接着上班族。一些盘踞此地的老字号更是人头攒动，那些上海老牌点心还在飘着香味。

旧时光里的新生

万寿斋的美味

虬江路电子市场复古的挂钟

音乐谷1933里充满艺术气息的座椅

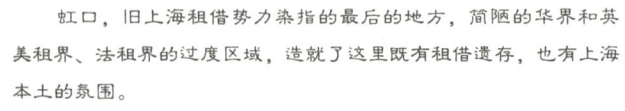

虹口，旧上海租借势力染指的最后的地方，简陋的华界和英美租界、法租界的过度区域，造就了这里既有租借遗存，也有上海本土的氛围。

在五四运动时期，这个租借中房价最便宜的地方吸引了一批文化人士。从鲁迅到左联，从溧阳路的郭沫若到海伦路的沈尹默，让虹口那些看似貌不惊人的小路不容小觑。

你或许会路过繁华街道上的银行，那可能曾是鲁迅长期光顾的书店。咖啡馆也许在20世纪是鲁迅和内山喝茶的地方。走过庭院深深的花园洋房，走过铁将军把门的石库门，那里曾经是大师的居所。但除了牌匾，你似乎浪难再看出它的大雅之气。哪怕走上了多伦路文化街，似乎也找不回旧时的繁荣模样。你只能在依旧精致的建筑中探寻它曾经的故事。

一些陈旧的老区也有重新发迹的机遇。曾经淹没在粉尘中的老场坊终于露出尊容，一下成为全城焦点。带着钱包蜂拥而来的游客也刺激着周边的老房子寻找新的生机。场坊里进驻了创意人，沿街的咖啡店如雨后春笋般崛起，石库门里多了拿着相机的年轻人。当老牌的多伦路还在摸索自己最适合发展的道路时，一个新的时尚地标似乎就要诞生了。那些旧时光里的老人还在石库门里、马路上乘凉聊天，可是边上的行人已经换了模样，在咖啡店、商铺、创意园的包围下老房子已经开始了新生之路。

虹口公园·北外滩

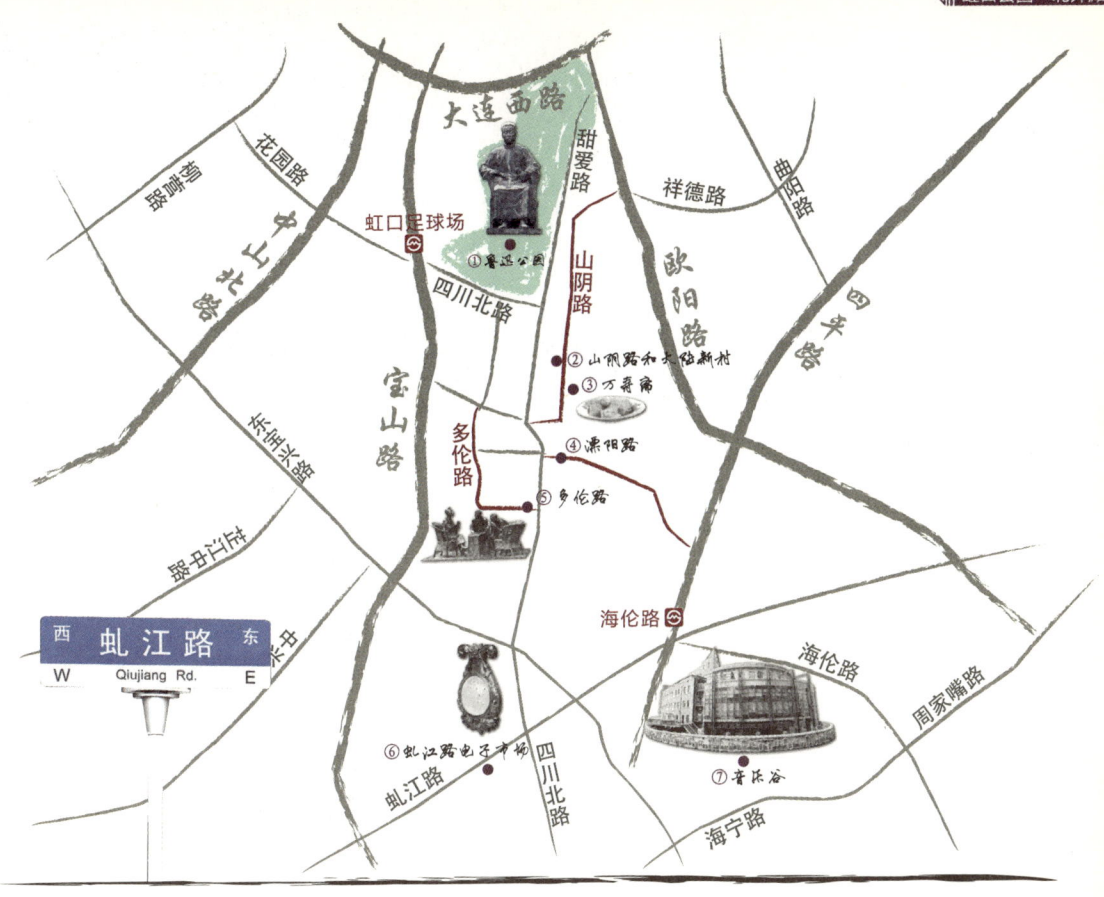

▶ **起始地**
  鲁迅公园

路线：①鲁迅公园—②山阴路和大陆新村—③万寿斋—④溧阳路—⑤多伦路—⑥虹江路电子市场—⑦音乐谷

◉ **终点**
  音乐谷

169

① 鲁迅公园

再见鲁迅 ▷

　　鲁迅公园是上海市区北部最大的绿地，曾经是这一地区孩子最喜欢去的地方。"那时候还叫虹口公园，并不是经常能去，但每次去都很开心。""80后"男生王科已经不记得在公园玩了什么，只能回忆每次开心的状态。

　　不过公园休闲娱乐的主题始终没变。今天的鲁迅公园最惹眼的便是上百人前来跳舞的场景。除了广场舞，这里更多人热爱"国标"。早晨，在公园的广场里，录音机喇叭里传出节奏强烈的"恰恰"，配着音乐上百个身姿开始扭动，有些人还非常专业。由于跳舞的人太多，鲁迅公园一度因为"抢位"闹出许多新闻。

　　远道而来的客人可能也会为了看一眼鲁迅墓而走一遍鲁迅

鲁迅雕像

今天的鲁迅公园最惹眼的便是上百人前来跳舞的场景

170

纪念馆。虹口公园从1928年开始就向国人开放，那时它是最大的公园之一，是本地市民休闲娱乐的一个重要场所。住在不远处的鲁迅自然也喜欢来这里散步、聊天。在鲁迅逝世后就有人建议把公园改名，但一直未能如愿。直到1988年才正式更名为鲁迅公园，而那时鲁迅墓已经在公园留存了32年。

鲁迅墓在公园的中间位置，是鲁迅逝世20周年的时候才从万国公墓迁到虹口公园的。墓地的设计简洁、明快。灌木丛画出一个长方形的墓地范围，墓前铺的是天鹅绒草地，四周种着黄杨。墓地中最显眼的是鲁迅的坐像：鲁迅怀抱书本坐在藤椅上，眼神似乎有些焦虑和疲惫。坐像后面是照壁式的墓碑，鲁迅的墓穴就在这块墓碑下。

除了鲁迅墓，公园东南面有鲁迅纪念馆。那里是更好地了解鲁迅的地方，它还是新中国第一个人物类的纪念馆。纪念馆除了展出鲁迅的文物和大量图片外，还利用了最新的声像科技手段，以一种崭新的方式来做介绍。

纪念馆展出鲁迅的文物和大量图片

四川北路2288号

② 山阴路和大陆新村

像鲁迅一样爱上这里 ▷

　　山阴路是上海市区北部最豪华的路。梧桐树下精致的别墅看上去还是新的，即便是联排住宅楼也多是带着小花园的，且保留着小而精美的装饰。这里没有吵闹的车流来打搅，乍看还以为是法租界。

　　有大花园的洋房据说新中国成立后都是离休老干部住的。院子里通常种满了各种树，其中许多是柿子、枇杷之类的果树。夏秋之际，挂满果子的树杈悄悄爬出墙来，引来许多顽皮的孩子爬墙采摘。"我小时候经常伙同同学来这里采摘，那可是最美的事。不过也要时刻准备着逃跑。"笑呵呵说着山阴路故事的石同学是附近中学的学生，他对这里很熟悉，学生时代每年夏天都要来这里看看那些果子熟了没有。

路边的盆栽

鲁迅故居在弄堂里并不显眼

"鲁迅故居也在这条街上,不知道他老人家看到偷果子的孩子会不会写一篇杂文谴责我们。"就在这条街的大陆新村鲁迅度过了他人生最后的3年,留下了许多故事。说不定他老人家还真目睹过孩子偷果子的一幕呢,只不过没有留下文字罢了。

故居并不显眼,藏在大陆新村的小弄堂的最里面,房子也不气派。大陆新村是20世纪30年代的新式里弄住宅,它带有简约的装饰艺术风格和小小的天井,和稍晚建造的别墅比起来要落魄多了,不过一个伟大的灵魂却让这里熠熠生辉。鲁迅的朋友内山完造也住在不远处,茅盾和鲁迅住得更近,瞿秋白则在马路对面住。在鲁迅故居可以看到瞿秋白赠送的工作台。

夏天,高大的梧桐树把整条路都遮盖了。这里不通公交车,也不是要道,交通清寡,环境静怡。没有高大的楼房,只有爬出墙的绿植。街边行人都缓步而行,没有一丝焦躁。零散的商铺开在街面上,其中很多都是老铺子,开了几十年都还在卖"老玩意儿"。花园洋房、新式里弄、石库门、老公寓接踵而至,让人大开眼界。

你看,建筑外,摇着蒲扇的老爷叔又开始悠闲地喝茶、看报纸了。从繁忙的四川北路一拐进恬静的山阴路,世界好像都变了,又或者是谁把时钟拨慢了。

鲁迅故居山阴路132弄8号

③ 万寿斋

三鲜馄饨搭配小笼的诱惑 ▷

  在山阴路接地气的店铺中，万寿斋是明星级的，许多旅游指南和美食指南都介绍过它。每天都有许多本地客人穿过梧桐树的林荫，挤进它狭小的店内，只为了一碗三鲜馄饨、一笼小笼。

  万寿斋门面不大，招牌倒是横跨整个店面，大大的红色楷体书法很是醒目。万寿斋点菜的地方很窄，狭小过道只容一人站立，所以人多时点单一定要速战速决。快速抢到座位后，你就可以等着最地道的本地小吃上桌了。

  在鲁迅公园看完樱花的情侣点了一份小笼、一碗三鲜馄饨甜蜜地分享着，他们说，这是万寿斋所有食物中的最佳搭配。刘老伯却不以为然："三丝冷面不是蛮好，又便宜。"说完老人家就津津有味地吮起面条来。

万寿斋的美味

在山阴路接地气的店铺中，万寿斋是明星级的

当然更多人确实是来吃鲜美的小笼的。轻轻地咬开一个口子，猪肉香便喷薄而出，再慢慢吸一口，甜美的汁水就灌满了口，味蕾就此舒展开来。再咬下去，鲜嫩的猪肉划过味蕾，唇齿之间回味无穷。

　　再来一碗三鲜馄饨吧，这是上海人最熟悉的味道。榨菜、开阳、猪肉三位一体，让馄饨口感特别丰富，既有草根美食的爽脆，又有海鲜大餐般的鲜美，着实是上海人传说中"打耳光都不肯放下"的馄饨。馄饨半成品还可以打包带回去，速冻起来，这样在家也能尝到万寿斋的馄饨。三鲜馄饨还能变换出冷馄饨、油煎馄饨等多种吃法，配上酱料，各有不同的美味，真可谓小小馄饨吃出大境界。

轻轻地咬开一个口子，猪肉香便喷薄而出，再慢慢吸一口，甜美的汁水就灌满了口

🏠 山阴路 123 号
☎ 13818065119

175

④ 溧阳路

48 幢洋房里的故居 ▷

溧阳路是一条有趣的马路，它有两段且互不相连。我们这里说的是四川北路至四平路的一段。

溧阳路向来是安静、沉稳的，它既不像四川北路那样商铺林立，更不像四平路那样交通繁忙。它有着遮天蔽日的梧桐树，有旧模样的里弄和落魄的仓库，最让人着迷的还是48幢带着红色屋顶的花园洋房。

你走上溧阳路，迎面看到的就是一抹抹红色掩映在梧桐树的绿色中。溧阳路上的48幢花园洋房基本保持着同一个样式和规格：外立面有连续的拱券门洞或窗户；青砖打底，红砖勾勒纹路；红色瓦片铺就斜坡屋顶，尖顶老虎窗在坡面上凸显。

溧阳路的花园洋房原来的设计是一个建筑有两个门牌，也就是一栋别墅两家人分享。新中国成立后一栋别墅变成多户居住，为了得到更多空间，别墅的内阳台大多被封起来成为阳台间；原来给佣人住的亭子间有30平方米，大多也被一分为二。

如果没有遇上开门的住户，那也就只能看看一路镌刻在墙上的名人纪念牌聊以自慰了

现在略显窘迫的别墅和石库门曾经是许多大家、名人的家园。溧阳路也被划归历史风貌区，路的一侧成为名人纪念墙。只要你仔细寻觅，在溧阳路上走几步路就能遇见一座名人故居。1269号是郭沫若的故居；邓颖超在这里招待过文化界人士；进步人士还曾在这里庆祝朱德的60岁诞辰。此外，1156弄10号是著名报人金仲华的旧居；1359号是鲁迅的藏书室；1335弄5号是另一个新闻人曹聚仁的旧居。

可惜的是窘迫的旧里和洋房都是民居，多户混住让参观成为一桩难事。大部分情况下，只能在门口好奇地张望，等待住户悄然打开那扇铁门，好让人看得真切些。如果没有遇上开门的住户，那也就只能看看一路镌刻在墙上的名人纪念牌聊以自慰了。

上海市虹口区溧阳路

⑤ 多伦路

台格路上的文化旧里 ▷

多伦路本来是藏在四川北路繁华背后的寂静小道，若不是文化沉淀太重，恐怕已经在隆隆机械声中夷为平地了。

今天你再穿过四川北路遥望那个入口，高大的仿石库门牌楼上写着"海上旧里""多伦路文化名人街"，这无疑宣告了多伦路已经景点化。好在平时即便满街的商店开着大门，它还是有些空灵和恬静。你可以忽略杂乱无章的小店寻觅一丝旧里的文化气息。

多伦路可能是公共租界最后的一片繁华，在小碎石铺就的台格路上能轻易找到一些考究的洋房和风格独特的住宅。碎石磨着鞋底，洋楼慢慢走来，经过岁月的洗礼，却没有老去。孔公馆的阿拉伯纹路依旧清晰，彩色玻璃还折射着斑斓的阳光。进修学院里西班牙尖顶让边上的新建筑黯淡无光。208号大门紧锁，却锁不住爱尼奥立柱的古典美。永安里新式里弄画出漂

多伦路上鲁迅等名人的雕塑

多伦路的趣味除了老建筑还有躲在其中有趣的小店

亮的弧度，连绵的半圆遮阳篷仿佛一朵朵浪花在翻滚。中华艺术大学学生宿舍的拱券长廊新得好像昨天刚建好。夕拾钟楼是否能唤起对鲁迅的记忆？薛公馆的立柱上飞出了一群自由的鸽子。中西合璧的鸿德堂里依旧有现代传教士的身影。

多伦路背后是未曾有过变动的旧里，因此除了悠闲而至的游客、兢兢业业的写真者，剩下的很多是附近的老上海人。地道市井场面层出不穷，穿着拖鞋、睡衣的阿姨翩然而过，阿婆、阿伯带着孩子躲在树荫下乘凉，懂享受的借用着老洋房的露台惬意聊天……太有趣了，这些市民的居住地曾是左联活动的地方。只要几步路就能从多伦路走到藏身弄堂的左联会址。徜徉在这条小路上，一面浮现"五四"新文化、中国现代文学的高潮，一面又能亲历市井的自由自在。

多伦路背后是未曾有过变动的旧里，有悠闲而至的游客，还有兢兢业业的写真者

⑥ 虬江路电子市场

走下神坛的淘宝胜地 ▷

说起虬江路，上海人几乎都知道。它像东台路、文庙、西藏南路花鸟市场一样，一直是另类的淘宝天堂。

虬江路的发迹据说可以追溯到抗日战争前，在战后更是形成了规模庞大的五金、日用旧货市场。到20世纪50年代，虬江路进入鼎盛时期。有历史资料显示，当年虬江路有大小旧货店88家，固定和流动摊贩314户，"交行"（用批发价交换旧货）26人，"天平担"（挑担收售旧货贩）389人，市场经营额每月达20万元左右，形成了各业俱全的综合性旧货市场。

到了20世纪90年代发展成为以音响、电脑、电子设备为主的市场，大型商厦六七座，沿街小商铺30多家，马路上的流动商贩更是不计其数。

虬江路的路标

已经有很多老板在这里完成了自己的梦想

随着时代转变，不同年代的人对虬江路的记忆是不同的。五六十岁中老年可能还记得倒卖五金、家具、机械的热闹场景，"70后"提及虬江路必会聊到淘旧自行车的故事，而"80后"则更津津乐道其音响、电脑的便宜。

今天再踏上虬江路，那些商厦已经显现老态，沿街商铺倒还是林立，来往的顾客大都上了年纪，很少看到年轻人光顾。随着网络购物的兴起和对仿冒等违法销售的严厉打击，让虬江路失去昔日的风光。商家也很少有揽客的积极性了，而一些大型市场甚至已经退出舞台，就连节假日似乎也不例外。

尽管市场逐渐萎缩，但已经有很多老板在这里完成了自己的梦想，挖得自己的第一桶金。面对市场空空如也的商铺，他们依旧在坚守，让这个市场有人气。有些坚持卖真货的老板却在与价格低廉的假货竞争中略显力不从心。"市场没有特色，区域也没有划分，更加没有管理可言！"尽管对市场管理和规划颇有微词，但在纠结中他们还是不舍得退出。他们还在期待走下神坛的淘宝胜地有朝一日能卷土重来。

虬江路（中州路至宝山路段）

市场里造型古朴的挂钟

181

⑦ 音乐谷

屠宰场的新生 ▷

音乐谷咖啡店里的咖啡

1933里充满艺术气息的座椅

这名字你可能不熟悉。不用说你了，就算是老上海人十有八九也没有听说过。不过另一个1933老场坊你一定听说过，其实它就是以1933为中心，在周边又开发一片老场坊一同包装到音乐谷的概念下的产物。

尽管名字叫音乐谷，但对游客来说却感受不到什么音乐氛围，唯一可能有所体验的地方是嘉兴路的剧院。这里目前是偶像团体SNH48的专属剧场，此外还有很多活动。当然，更多游客来到这里还是冲着奇特的1933老场坊。

1933年，它是一个屠宰场，一头头牛、羊、猪走水路送到工场。在七拐八弯的工场里它们将走完最后一程，成为租借里洋人们的口中食。据说1933老场坊是当时亚洲东部最大的屠宰场，供应可以遍及整个东亚。这座非凡的建筑当时花了工部局白银三百三十多万两。1933老场坊风格独特，工艺杰出，整体建筑参照古罗马巴西利亚式风格的同时，外圆内方的基本结构也暗合了中国"天圆地方"的传统理念。

横空出世的廊桥以纵横交错之势让空间和光影赋予了"戏剧性的变化"

　　这样的屠宰场在全世界范围内屈指可数，精美程度可以媲美外滩任何一座建筑，然而在很长的时间里这里无人问津。住在附近的朱先生以前常从屠宰场前走过，他之前根本没有发现这是一个漂亮的建筑："以前根本不晓得。只知道这里是药厂呀，整天都是粉尘铺满地上，灰得很！完全没想到它是这个样子。"

　　如果把音乐谷当整体来看，除了1933老场坊之外，附近的小小咖啡吧、茶座更值得小坐。一来环境不错，有阳光照射；二来性价比要比1933老场坊高许多。尤其是边上还有具有生活气息的日本式石库门可以让你"穿穿弄堂"，在嘉兴路桥上则可以把陆家嘴三大高楼和石库门、工厂烟囱融进同一画面。

🏠 嘉兴路、辽宁路与沙泾路一带

183

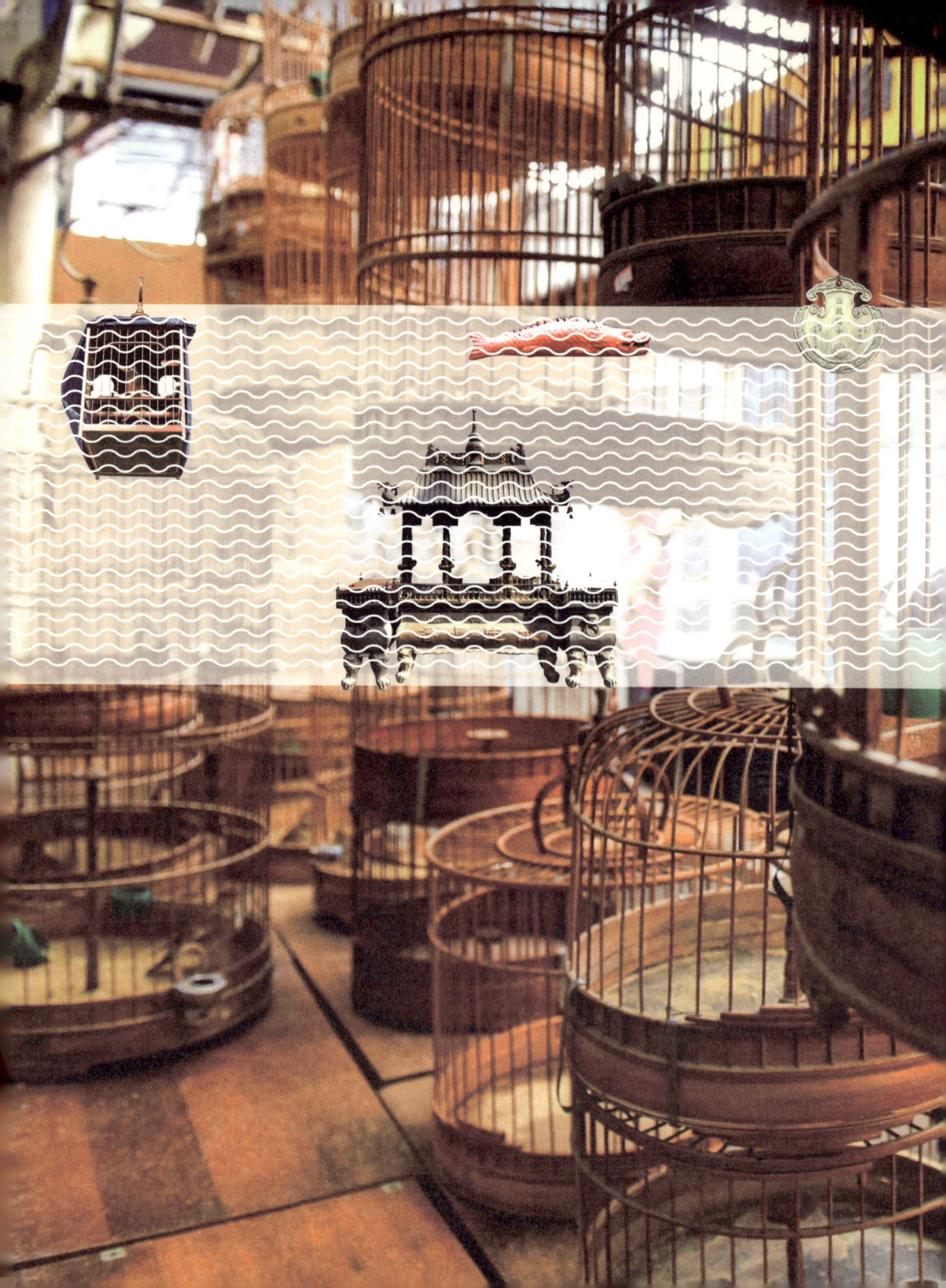

延安东路·文庙路

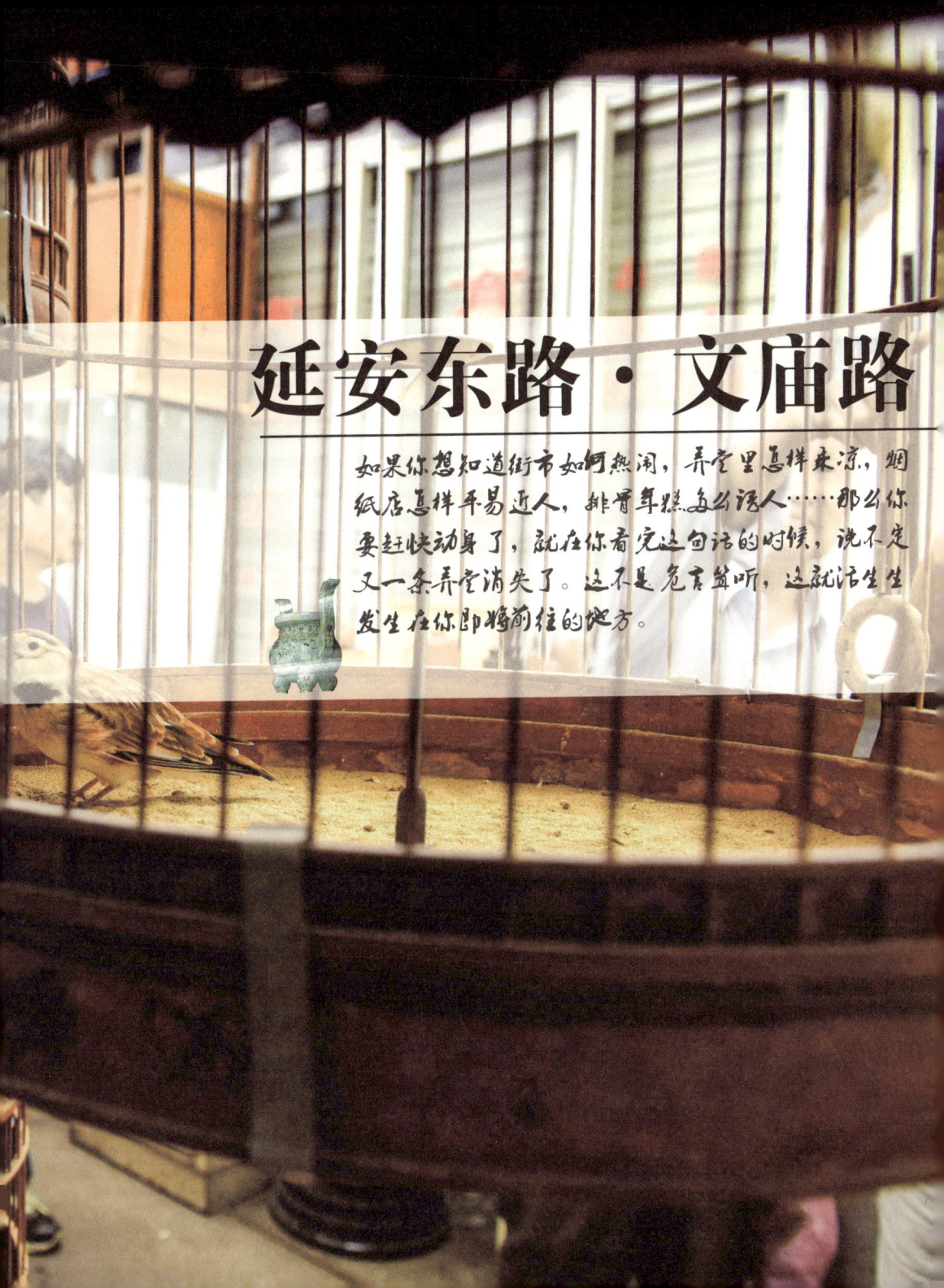

如果你想知道街市如何热闹，弄堂里怎样乘凉，烟纸店怎样平易近人，排骨年糕多么诱人……那么你要赶快动身了，就在你看完这句话的时候，说不定又一条弄堂消失了。这不是危言耸听，这就活生生发生在你即将前往的地方。

最后的老城厢

南市旧里豆花

上海文物商店里的瓷器

西藏南路花鸟市场里的蝈蝈

这一片区域现在属于黄浦区，实际它原先是南市地界。

南市对上海人来说是老市区、老城厢，是破落房子和好地段。这里是上海县发源地，是弄堂里草根文化的最好代表。

有人读张爱玲以为她书中的洋房、公寓便是上海的弄堂，那么便错了。混迹租借的张爱玲无疑是旧上海中产阶级的代表，他们可以居住在花园洋房或现代公寓楼中，可以从西班牙屋顶中、从英国乡村洋房中、从罗马立柱旁款款而出，但很少去另一个平民世界——老城厢旧里。

那里是蜿蜒曲折的弄堂，那里夏天打着赤膊的是男人，那里行走的是拖鞋，那里飘扬的是"万国旗"。那里是吵闹、拥挤却充满人情味的世界，各种市场在那里聚集，三教九流在那里交会。传弄堂，淘古玩，逛书店，吃一块排骨年糕，喝一碗流动摊贩的豆腐花，这里有着最地道的本土生活。

不过，你要赶紧去才行。这里是市中心最后一块未开发的土地。那些陈旧的平房，拥挤的弄堂，热闹的街市，在某些角度，某些人看来，并不是这座城市值得保留的东西，相反阻碍了城市的发展。"拆"成为这一区的主题，从南到北，从大镜路到复兴路大部分已经夷为平地，大批的上海"土著"已经离开弄堂，与此同时弄堂里的原生态生活越来越少。

延安东路·文庙路

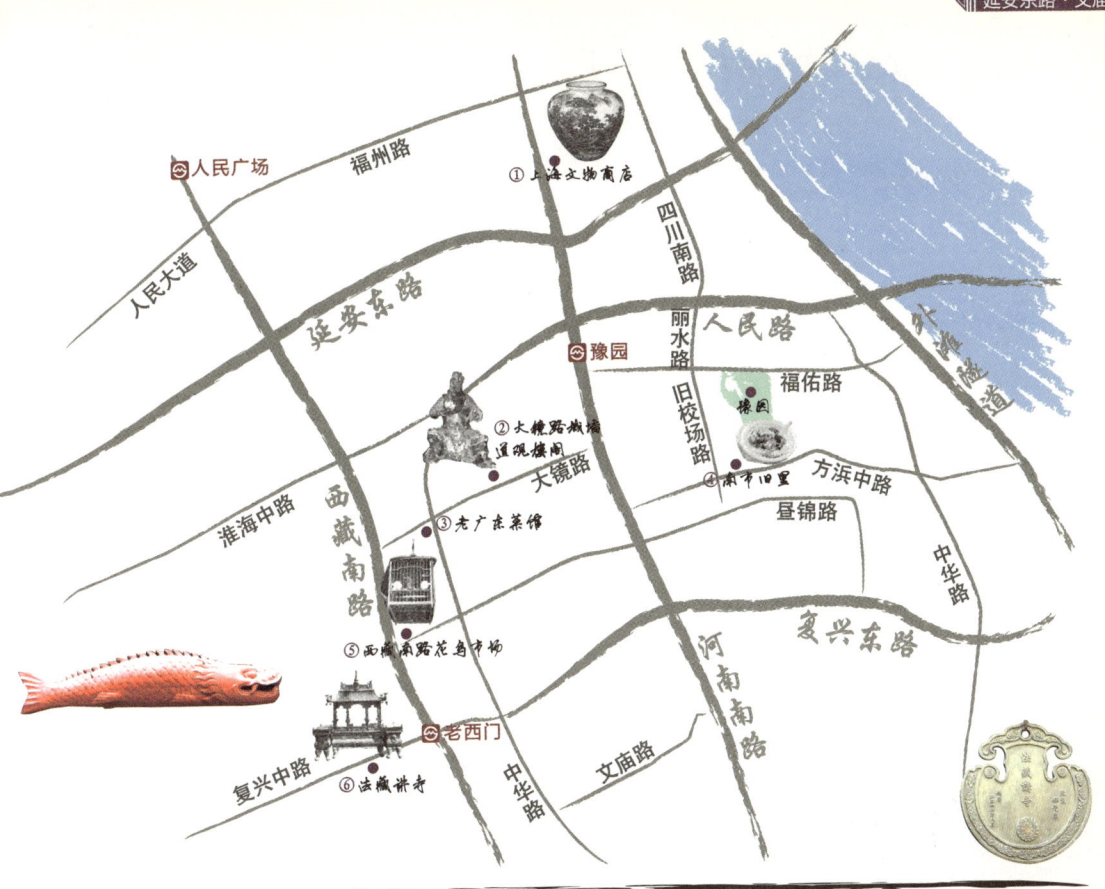

▶ **起始地**
上海文物商店

路线：①上海文物商店—②大镜路城墙道观楼阁—③老广东菜馆—④南市旧里—⑤西藏南路花鸟市场—⑥法藏讲寺

◉ **终点**
法藏讲寺

187

上海微旅行 漫游这座城

① 上海文物商店

上海最有文化的商店 ▷

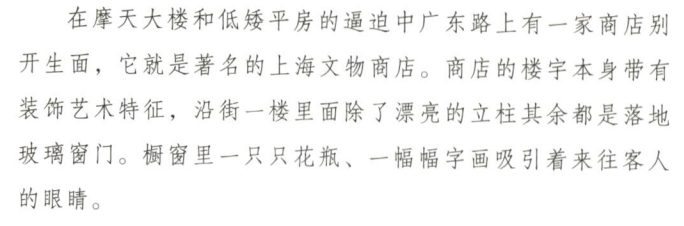

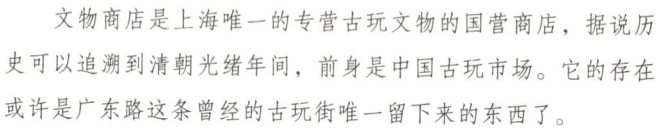

在摩天大楼和低矮平房的逼迫中广东路上有一家商店别开生面，它就是著名的上海文物商店。商店的楼宇本身带有装饰艺术特征，沿街一楼里面除了漂亮的立柱其余都是落地玻璃窗门。橱窗里一只只花瓶、一幅幅字画吸引着来往客人的眼睛。

文物商店是上海唯一的专营古玩文物的国营商店，据说历史可以追溯到清朝光绪年间，前身是中国古玩市场。它的存在或许是广东路这条曾经的古玩街唯一留下来的东西了。

广东路在岁月的洗礼中渐渐和古玩市场分道扬镳，唯一幸存的便是文物商店。推开文物商店的大门，一件件富有趣味、包含文化内涵的古玩、文物似乎还在诉说着广东路的昨天。但

商店里的各式文物

188

西装笔挺的门卫，或闲聊，或看报的营业员、老师傅会把你从历史的畅想中拉回现实。没有老式古玩市场的嘈杂、喧闹，没有精明的商人和老练的淘宝者的斗智斗勇，也几乎没有"打眼""捡漏"的刺激，这里安静、从容，摆满物件的空间更像是艺廊。从字画印章到青花珐琅，再到玉器家具……三四个门面里中国古董分门别类、琳琅满目。一遍看下来还真好似同时逛了一遍历史博物馆、美术馆。

除了交易，这个商店更像是一个中国古代文化展示窗口。即便你买不起天价文物，也可以淘一些便宜小物件留作纪念；即便什么也不买，好好凝望着那些古玩，也许百年前茶园里某个茶客也如此凝望过它们。

广东路218-226号
63215868

一件件富有趣味、包含文化内涵的古玩、文物似乎还在诉说广东路的昨天

189

② 大镜路城墙道观楼阁

上海也有城墙 ▷

大镜路上的城墙道观楼阁堪称上海真正留下的老楼。你穿过它外围的草坪在门前驻足，会发现刻着"大镜"字样的牌楼。那些阴阳雕刻的古老文字、被电线拉拽的立柱、古老意蕴的对联、祥云样式的浮雕立刻会把你带到咸丰年间。

牌楼边上一座城墙、楼阁从古朴的中式围墙冒出。那城墙就是上海最后的古城墙，那个楼阁则是建在箭台上的关帝庙。

如果要追溯这座城墙和关帝庙的历史恐怕要超出大部分人的意料。它们的历史可以从明朝嘉靖三十二年说起，那时候上海就筑起了城墙，为了抵御倭寇，同时也是从那时起有了县城的概念。

许多砖头刻上了制造年份

原来城墙有四座箭台，大镜便是其中之一。后来箭台荒废后各改建庙宇，大镜箭台建的便是你今天看到的关帝庙。关帝庙从明朝的小屋起步，到了清朝不断扩建，最后成为三层高阁。其间庙宇、城墙也是经历战火不断，小刀会起义期间小刀会首领刘丽川与清兵曾在这里血战数场。

延安东路·文庙路

民国元年上海迎来第一轮动迁，整个围城而建的城墙都要拆除。由于关帝庙一直是上海道教的重要庙宇，所以庙宇和这一小段城墙得以保留，也使得后人有机会一探上海城墙风貌。

往关帝庙走，需要穿过一条狭窄的步道。你可不要忽略它，应该仔细看看左右两边的砖墙。这些斑驳的灰色砖头上雕刻了制造年份。这一块是"上海城砖，咸丰五年"，那一块是"上海城砖，同治五年"。由此可以看到上海城墙的确历史久远，且不断重修。之所以最早年代是咸丰五年，是因为咸丰三年城墙毁于战火。

再往里走就是关帝庙的正殿，中间是关公，两边分立财神、月老。这庙宇一直是上海道教正一派的主要道观。庙宇对面是真正的古城墙，一面墙上还刻着"信义千秋"字样的石匾。城墙上搭建了中式的黑瓦屋檐，屋檐上雕梁画栋颇有传统特色。

这里就是上海最后50米的老城墙，曾经被上海人看作"大千胜境"，而今安静得就好像不属于吵闹的上海。这里平时游客并不多，大部分是拿着旅行指南的外国人。边上开在绿地小道上的花鸟市场倒是热闹得多。许多人在这里看鸟、玩鸟，还有悠闲的人们在绿地里散步，两三个老人偶尔会摆下象棋大战几回合。身边这座伴随着上海成长、历经艰难存世至今的老城墙却从来没有引起过他们的注意。

许多人在这里看鸟、玩鸟，还有悠闲的人们在绿地里散步

大镜路269号

③ 老广东菜馆

小龙虾包围中的排骨年糕 ▷

上海寿宁路很出名，因为那里是小龙虾一条街。当夏季到来时，小龙虾便是上海最流行的美食之一，而布满小龙虾店的寿宁路就是那时最受欢迎的美食街，很多人都去过那里寻觅美味的小龙虾。

今天我们推荐的不是那些通红的、硬壳的节肢动物，而是上海本地的地道点心——排骨年糕。

如果你在中午看到过老广东菜馆排骨年糕摊位的热闹场面，你就不会觉得奇怪了。尽管小龙虾名震九州，但中午时分，真正的"王者"是老广东菜馆的排骨年糕。老远你就能看到占据拐角位置的店铺前人们排起长龙。油锅里排骨一块块翻滚着，师傅来不及喝一口水，一刻不停地制作着。店铺的座位肯定是不够的，"带走，带走。"顾客识相地纷纷打包带走这里的排骨年糕。

拿到的排骨年糕都是热腾腾新鲜出炉的

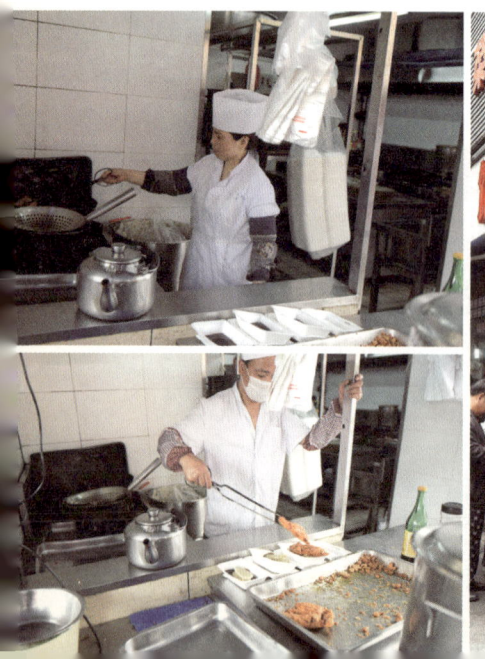

这时你再看看小龙虾店，基本是一副萧条模样，大部分还在为晚市做着准备。可怜的小龙虾一大盆一大盆地放在屋外等待着客人品尝。

其实老广东菜馆主要经营的是广东熟食，上海点心只是沿街外卖而已。外卖的摊位不足两米宽，架起一口油锅就占据一半空间。这口锅早上卖粢饭糕，中午卖排骨年糕。

"就是这里，终于找到了！"慕名而来的王先生说，"这里上过电视，做过广告，特地来试试看的，队排得也太长了！"自从沪上的美食节目报道后，中午等候排骨年糕的队伍更长了。不过等待终归是值得的，拿到的排骨年糕都是热腾腾新鲜出炉的。排骨比手掌还大，给足分量。据师傅透露，大排进油锅前先经过酱料腌制。这样排骨外脆里嫩，外面包裹层还有蛋香味。年糕也是火候刚好，非常滑嫩，咬下去独具江南代表性的糯糯口感便充满口腔，再加上微甜的酱汁，口感更为丰富。

在高档餐厅大行其道的今天这样地道的本地小吃已经越来越难寻觅了，这里的排骨年糕已经被上海吃货们亲切地称为"上海的味道"。

🏠 人民路 924 号
☎ 63288474

外卖的摊位不足两米宽，架起一口油锅就占据一半空间

④ 南市旧里

最后的弄堂时光 ▷

弄堂里流动摊位上的美味豆花

南市旧里是上海被遗忘的时光。看看上海的宣传片吧，那些唯美的画面大多是陆家嘴高楼间的风云变幻，或是外滩建筑雄壮大气，或是梧桐树下小洋楼的精致优雅，或是不夜城里的灯光璀璨。再看看这里，破败、拥挤的石库门弄堂，甚至是砖木房子。小、脏、乱，实在难登大雅之堂。

这里的弄堂大都带姓氏，例如，金家坊、薛家弄、翁家弄、孔家弄。在上海开埠前这里是县城的"郊区"，留有农业社会的地名习惯。如果哪家姓氏和地名相符，那他家就是真正的老上海人了，而且是市区的老上海人。老上海人已经闻到了离开的气息，北面的动迁势在必行。有些弄堂的老房子已经人去楼空，徒留一副石库门骨架留守旧里。

最有趣的是你还能看见挤在木楼中间的烟纸店

仰望弄堂的天空，一群鸽子从这栋楼飞到那栋楼。最有趣的是你还能看见挤在木楼中间的烟纸店。它们保持着几十年不变的样子——木窗、木栅栏门、木柜台，门外堆起一摞摞装满啤酒瓶的箱子。客人轻轻拉开木窗："拿包红双喜。"最好卖

延安东路·文庙路

的还是烟卷。当年没有24小时便利店的时候，小到肥皂大到五金杂货全靠弄堂里的烟纸店提供。一度烟纸店还充当着电话亭。

除了烟纸店，修伞、修鞋、卖皮货、街头理发这些别处已经消失的生意，都在这里继续。"豆腐花，豆腐花。"卖豆腐花的小贩游走在弄堂里。"来一碗。"只要轻轻叫一声就能吃到新鲜的豆腐花。撒上麻油、葱花、虾皮等，一碗几块钱的豆腐花堪称弄堂第一美食。"老早样样都能在弄堂里流动着卖。"付完钱的爷叔一边吃着豆腐花一边还在回忆过去。不过现在他也不得不承认只剩下豆腐花可以买到了。

豆腐花老板娘已经在这片弄堂卖十几年了。"弄堂拆掉就不做了。"几年来她流动的范围越来越小。"那边已经全拆了！"她觉得这里的弄堂也挺不了几年了，等弄堂没有了她的生意也就不做了。

说完她推着小车，伴随着豆腐花的叫卖声消失在弄堂午后的阳光下。就像消失的老板娘一样，老城厢的弄堂生活会不会也这样慢慢淹没在历史的洪流中呢？

弄堂中的住宅

豫园外侧方浜中路一带

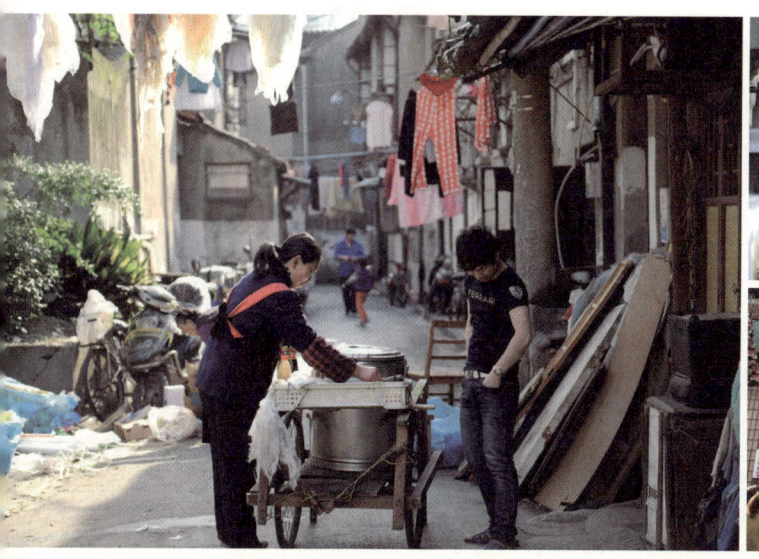

195

⑤ 西藏南路花鸟市场

再回儿时的欢乐时光 ▷

在西藏南路繁忙的现代化大道边居然也藏着一个花鸟市场，这个花鸟鱼虫的世界是充满欢乐时光的老地方。

"爸爸，鱼，鱼！"才5岁的小朋友被爸爸第一次带到西藏南路的花鸟市场，他兴奋地发现这里有许多他从未看到过的鱼。他们前往的地方便是西藏南路的万商花鸟市场。这个花鸟市场在西藏南路的东侧，从会稽路一直延伸到方浜西路。这可能是西藏南路最后一片低矮的平房，也是上海市中心硕果仅存的花鸟市场。

小朋友见到的"鱼的世界"其实只是花鸟市场的"冰山一角"，那是花鸟市场沿街的部分，沿街商铺以鱼和花为主。行走在这片人行道上，只见各色各样的鱼摇曳着身姿，大束的花开得娇艳。

走进市场大门，你一定会暗暗惊叹："哇，好一个花鸟世界！"低矮的天棚下，一个个铺子相互拥挤着占满了空间。那些花鸟鱼虫更是个个精神抖擞，蝈蝈在小笼子里鸣叫，一大片密密麻麻鸟虫在蠕动，一排排鸟笼里小鸟蹦得欢乐，一边的老板悠闲地给体型超大的鹌鹑喂食……这简直是另一个世界，鲜活的生命和市场外冰冷的钢筋有着巨大的反差。

采编时恰逢五月，正是"叫蝈蝈"上市之时，几乎每个铺子都会摆百来只蝈蝈。这些伴随"80后"上海孩子成长的虫子今天已经被放入塑料笼子，不过叫声依旧清脆。退了休的张师傅和李师傅专程来挑蝈蝈："侬一只，吾一只，正好。"原来两只一起买还有折扣。

延安东路·文庙路

　　另一边家长带着孩子来挑更考究的冬蝈，它们被放在更高级的、像鸟笼般的小笼子里。父子俩仔细挑选了半天，终于选定了一只。父亲说："也看不出好坏，但这个比电子玩具要有趣得多，也让他了解一下爸爸小时候最大的乐趣是什么。"

　　老吴陪着朋友来市场看鸟，一盒子毛都没长齐的小麻雀吸引了他们，这些小东西正在争先恐后地"抢夺"老板娘筷子上的鸟食。

市场里高级的鸟笼

　　"这是什么啊？"

　　"麻雀呀，拿一只回去，蛮好的。"

　　"这哪儿能养啊？有什么用啊？"

　　"好的哦，养大了听你的话的。"

　　正在他们激烈讨论时越来越多的人聚拢过来看喂食小麻雀。不过有趣的是最后被售出的还是两只大体型的八哥。

　　"上次看中的那个笼子呢？两千多的那个。"已经养鸟多年的老伯伯在市场最精美的鸟笼前驻足。"已经卖掉了，你嫌贵呀。"对于退休工资不多的老伯，上千的鸟笼实在有些奢侈。"没办法，喜欢呀，有时候咬咬牙就上了。"

　　这个市场充满了有趣的画面，所有人都聚精会神地观察他们喜欢的小生命。

市场里被围观的小鸟

🏠 西藏南路 405 号
☎ 63363530

197

⑥ 法藏讲寺

罗马风遇上天台宗 ▷

如果你决定了要去法藏讲寺探访，那么这注定是一次别开生面的旅行。在此之前你绝对不曾看到过中国寺庙会有如此欧式的外表。

法藏讲寺是一个躲在复兴路背后的净土，一片明黄色的墙壁上留下的黑色的影子，这就是寺庙给人的第一印象。有趣的是墙上的门窗却是欧洲风格的，罗马式的门楣、立柱、窗檐，尤其是门立柱上开出的"罗马之花"仿佛让人置身罗马教廷前。

穿过狭窄的走廊可以绕到主殿的正门，抬头望去大雄宝殿是一座宝塔式的建筑。两座中式塔楼在顶部高高地矗立。大雄宝殿建在巨大的台基上，台基下是寺庙的讲堂。讲授佛法也是这个天台宗寺庙的特色之一，民国时期寺庙讲法盛极一时。现在，在寺庙门口就能看到全年讲法的日程，信徒可依据日程来寺庙听法。据寺庙管理人员介绍，佛法由本寺的大师讲授，听法是免费的。

寺中的香炉

罗马式的门楣、立柱、窗檐，尤其是门立柱上开出的"罗马之花"仿佛让人置身罗马教廷前

踏过台基的台阶后几步路便能走进大雄宝殿。殿内正中供奉释迦牟尼佛坐像，阿难陀、摩诃迦叶雕像侍立两旁。若你抬头望去又一场视觉盛宴呈现在眼前：天花板上满是繁杂的欧式浮雕装饰，而中间释迦牟尼的头顶上数条金碧辉煌的金龙盘旋着，欧洲古典吊灯在其间轻轻晃动。中西文化在佛教大殿里交相辉映，令人惊叹。

　　法藏讲寺能有这样中西兼容的格局的原因很难在史料上查实，人们猜想大约和创始时的背景有关。这座庙的创始法师是受到犹太商人哈同的妻子的邀请才来到上海的。由此想来他建立寺庙自然会有哈同的帮助，建筑设计上受到这个欧洲人审美喜好的影响也不足为奇。

　　这座神奇的寺庙能保留至今也是神灵的恩赐。在20世纪六七十年代它被改作工厂。知情者说当时破坏得非常严重，几乎是在废墟上重建起来的。然而令人欣慰的是建筑的欧式风格和精美楹联保留得非常完整。据说还有珍贵的佛经被保留下来。不知是哪个有心人在动乱中能不乱其心，舍身保护，今天我们欣赏这美妙的一幕时也要感谢他的仁慈义举。

🏠 吉安路271号
☎ 63287803

寺中的木鱼和铜牌

199

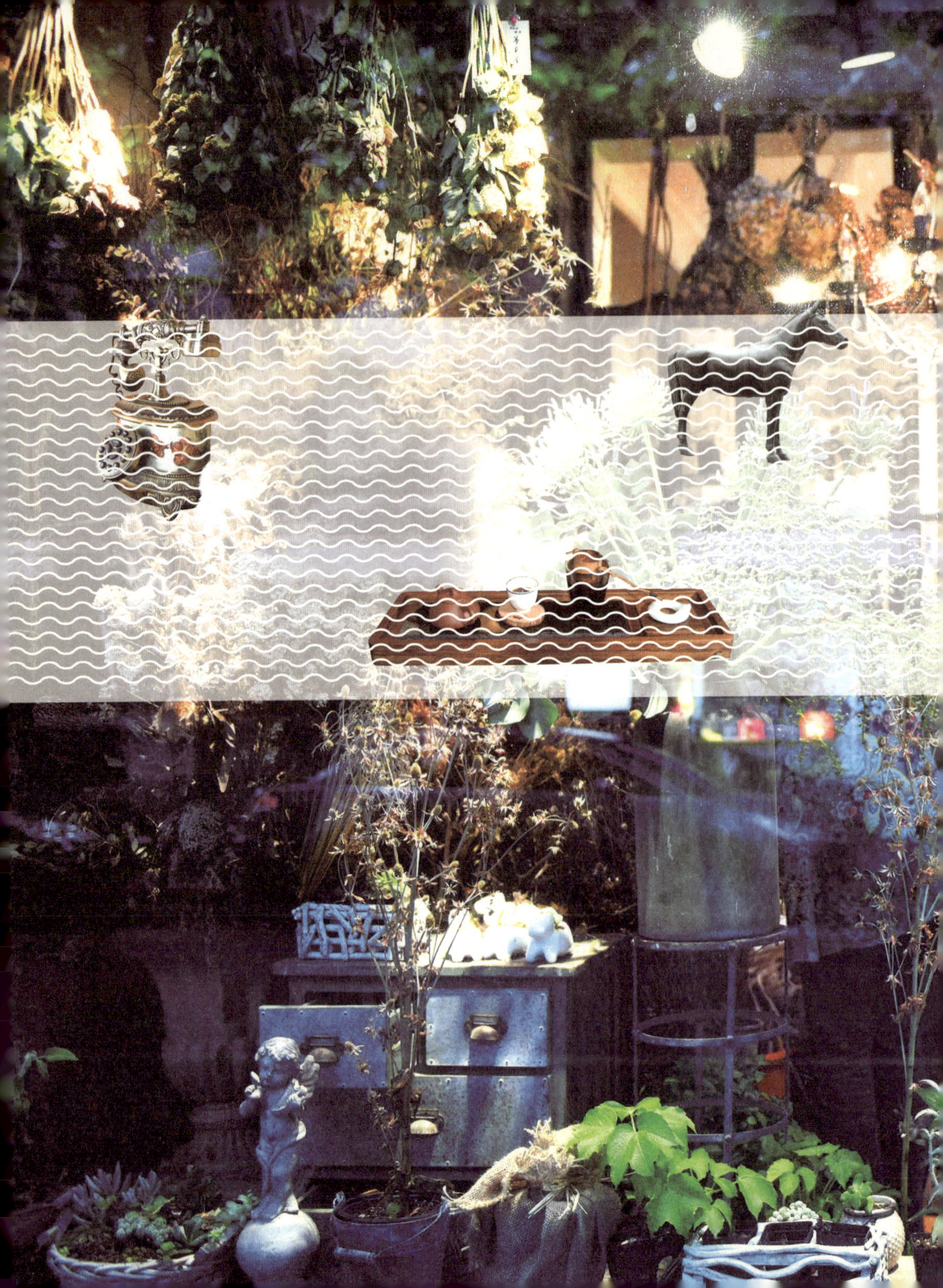

威海路·巨鹿路

从南京西路到静安寺是上海最繁华的商业区。从繁忙的主干道走到背后的大小道路，窄小的弄堂永远有不经意的小惊喜等着你。

浮华世界背后的小天地

弄堂里的小馄饨

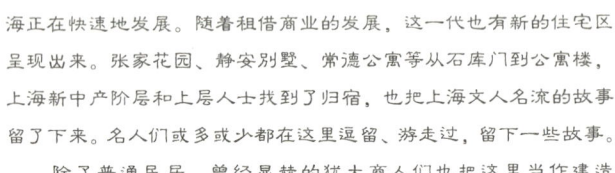

Seesaw Coffee

常德公寓咖啡厅的张爱玲文集和咖啡

当时钟拨回到新中国成立前，此地还叫静安寺路的时候，上海正在快速地发展。随着租借商业的发展，这一代也有新的住宅区呈现出来。张家花园、静安别墅、常德公寓等从石库门到公寓楼，上海新中产阶层和上层人士找到了归宿，也把上海文人名流的故事留了下来。名人们或多或少都在这里逗留、游走过，留下一些故事。

除了普通民居，曾经显赫的犹太商人们也把这里当作建造豪宅的绝佳选址。从如梦如幻的马勒别墅到欧洲宫廷般的嘉道理旧宅，几乎用相同的华丽诠释着旧上海冒险家们的成功。而现在你又重新走到它面前，物是人非的沧桑变化不得不让你感叹造化弄人。

在繁华商圈背后还隐藏着传统的味道。卖了上百年汤圆的店铺和卖了30年馄饨的店铺相距几十米，却一样有着跨越时代的上海味道。在"巨富长"（巨鹿路、富民路、长乐路）街道上，年轻人们可以轻松散步。漂亮的梧桐树下，一个个小店散发着独有的韵味。

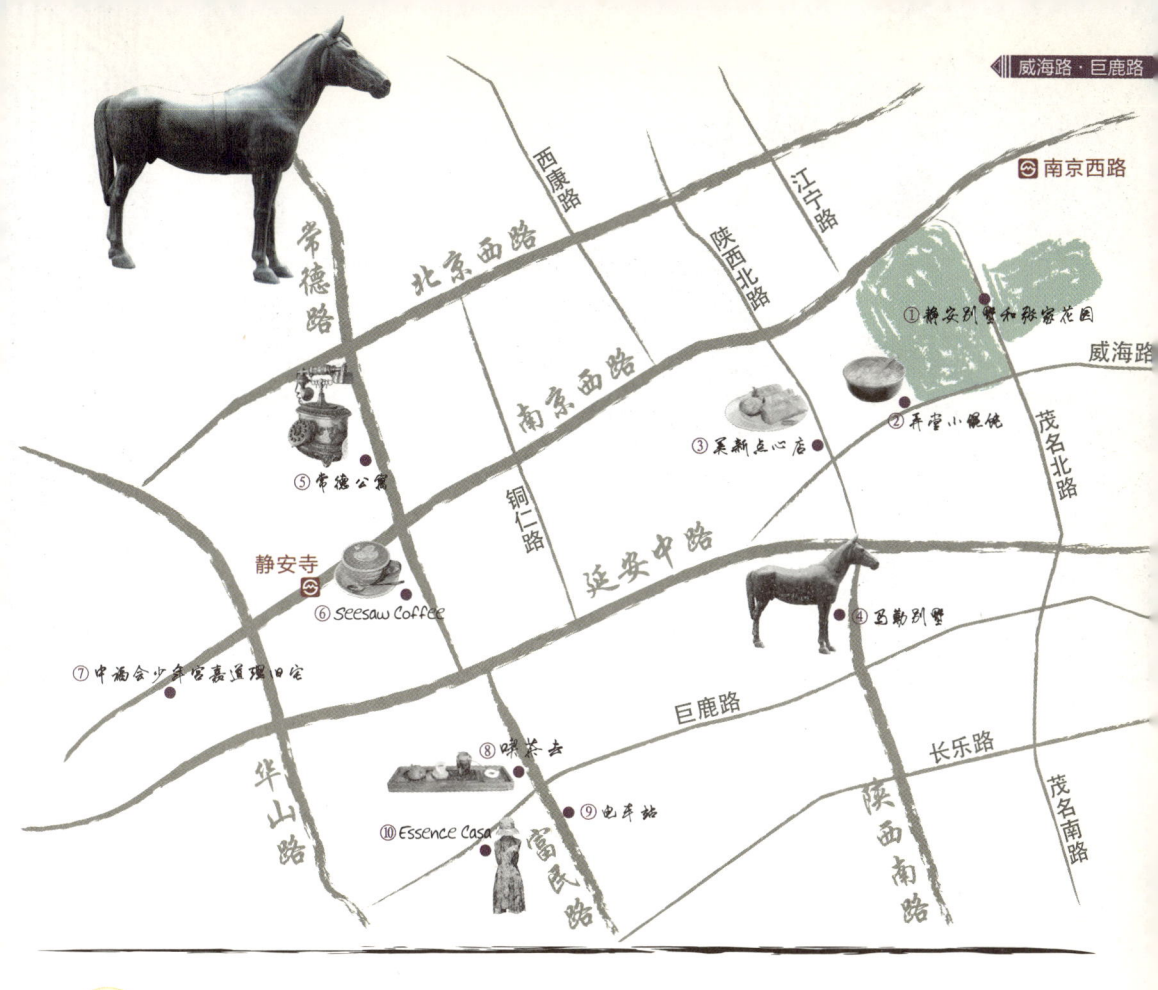

威海路・巨鹿路

▶ **起始地**
　静安别墅和张家花园

路线：①静安别墅和张家花园—②弄堂小馄饨—③美新点心店—④马勒别墅—⑤常德公寓—⑥Seesaw Coffee—⑦中福会少年宫嘉道理旧宅—⑧喫茶去—⑨电车站—⑩Essence Casa

◉ **终点**
　Essence Casa

203

①静安别墅和张家花园

南京西路最后的老弄堂 ▷

　　静安别墅和张家花园是南京西路上的老弄堂,他们离得很近,只隔一个街区。在繁华的南京路上这样的地方越来越少了。

　　许多人慕名前来探访这两条弄堂。虽然都是弄堂,它们却有着不同的风格。

　　张家花园似乎要更出彩,据说小小的弄堂里有几十种建筑样式。其实当年张家花园要比现在规模大得多,而且是一个中西合璧的大园林。它从清光绪年间开始一直是对公众开放的游乐园,期间除了张氏建造的中西洋楼外,不断有西方人参与投资建设,所以在扩张中不断有新样式的建筑出现。

　　当你踏入弄堂的一瞬间,就能感受到这种风格多样的特点。高大的红色山墙,圆的、尖的、斜坡的、弧形的装饰比比皆是。

当年张家花园要比现在规模大得多,而且是一个中西合璧的大园林

有几条石库门弄堂的上方还悬着包厢式的阳台。但最华丽的还是张家大院，中式的天井和木门，西式的花纹地砖向人们展现清末华人富豪的审美。弄堂里的老人常在这里聊天、打牌，就好像百年前。

与张家花园不同，静安别墅的风格是统一的，都是一个模子里刻出来的石库门房子。20世纪30年代，蒋介石的老师张静江家族在上只角建造了静安别墅，当时租金贵得离谱，要用金条来付，因此第一批居民大多是上海滩洋行里上班的白领们。张爱玲在小说《色戒》里写到的"印度珠宝店""西比利亚皮货店"和"凯司令咖啡馆"就开在南京西路1025弄的沿街，"凯司令"几十年来都没挪过地方，电影《色戒》就是在这里取的景。

如今，弄堂里走动的大多是老居民——佝偻着背的阿婆缓缓步出弄堂，院子里闲聊的爷叔，少数沿着弄堂的门面开着理发店、水果店的老板。再剩下的便是穿梭在弄堂里三三两两的游客，或是走捷径到南京路、威海路的行人。相对南京西路拥挤的人流，这里安静得多。

相对南京西路拥挤的人流，这里安静得多，也让你能从容看透上只角的弄堂生活

🏠 **静安别墅**：南京西路1025弄1~198号
张家花园：吴江路1弄

② 弄堂小馄饨

一道最正宗的上海馄饨

最后的弄堂味道 ▷

曾几何时，上海的孩子是吃着弄堂里的点心长大的。那些简陋的设施，却造就了一代人的记忆。

弄堂里的点心简单又方便，只要几步路就能到达。弄堂里的点心铺也是充满人情味的，老板可能就是相熟的邻居，去多了不用开口老板就知道你吃什么。这种感觉越来越少有了，弄堂小馄饨也许是最后的几家之一。

它原先开在静安别墅里，是弄堂早上最热闹的地方。尽管馄饨香在弄堂里飘荡了三十多年，现在也不得不移到弄堂外的街铺里，好在味道依旧。

浓郁的葱油和富有嚼劲的苏式面拌在一起，立刻飘出一股葱油香

威海路·巨鹿路

在众多弄堂点心里，小馄饨无疑是首选。馄饨皮是定做的，要比普通的皮更有嚼劲。猪肉馅都是自己和的，全是手打成肉泥，保证了最嫩滑的口感。再配上骨头汤底，一道最正宗的上海馄饨就出炉了。

如果是夏天，爽口的葱油拌面也是不错的选择。浓郁的葱油和富有嚼劲的苏式面拌在一起，立刻飘出一股葱油香，还有各种新鲜浇头可以搭配。拌面除了带着葱香和酱油的香气，口感爽朗、干脆，还有本地人喜欢的甜味。在夏天，一碗拌面足以振奋一天的食欲。

在夏天，一碗拌面足以振奋一天的食欲

小馄饨在早上开卖，到九点半左右就收摊。下午三点后，作为下午的点心会再次开卖。店家一天要卖出几千只馄饨。店里环境一般，但家族式的经营有着弄堂特有的亲切感。爷叔在做小馄饨的同时会用上海话招呼每一个客人，聊天解闷是常态，上年纪的老客人每天按部就班地前来捧场。体味弄堂老味道的同时，浓浓的人情味也是这里的一大特色。

🏠 威海路718号
☎ 62154718

207

③ 美新点心店

百年味道的汤圆 ▶

店里的美味点心

美新点心店的门口贴着醒目的铭牌，告诉你它已经有上百年的历史。这个可以追溯到清朝的老字号是上海最正宗的食肆之一。

经过一个世纪的沉淀，现在美新点心店已经是国营点心店。招牌的美术字、店里的桌椅、墙上的铜牌、店员的白大褂都带有浓郁的国营味道。这里的人气颇高，排十几分钟队是常态。对于国营店来说，服务员动作已经算麻利地了，但你还是不得不为美味等待。

最出名的是汤圆。鲜肉的、芝麻的都在下午新鲜出炉

威海路·巨鹿路

　　店里最出名的是汤圆。鲜肉馅的、芝麻馅的都在下午新鲜出炉。夏天高温时，因为容易变质，汤圆会暂停销售。这里的汤圆保持着江南传统的制作工艺。猪肉馅肉味浓郁，还有鲜美的汤水包裹，汤圆皮带着糯米的嫩滑，可以非常顺滑地进入口中。芝麻馅的汤圆在本地通常叫作宁波汤团，个头比肉馅的要小一圈，喜欢吃甜的人一定会大爱。它除了高甜度之外，还有芝麻的香味，是江南点心中一种独特的食品。到了下午很多人会专程来捧场。

　　若是夏日没汤圆吃，不妨试一下冷面、冷馄饨。"我们这里冷面也很出名的。"对于"扑空"的食客，店员会自信地推荐冷面。这份自信来自食材的新鲜和冷面地道的工艺。面和食材都是当天新鲜制作的，面条保持着筋道，浇头花式繁多，浇上酸爽的醋和醇厚的花生酱，便是上海夏日最值得期待的小食。

陕西北路 105 号
62470030

209

④ 马勒别墅

从梦里来的别墅 ▷

别墅大门前的青铜马

马勒别墅一直是上海人心中一抹亮丽的风景,每一个路过的人都忍不住要多望它几眼。它像是一个梦幻城堡守护着浮躁城市里最后的童真。

传说这个建筑的灵感源自一个梦,做梦的人正是主人——犹太人马勒的女儿。如果传说是真的,那么那个姑娘的想象力未免太丰富了。建筑专家这样描述这幢房子:"主楼南侧有三个垂直于主屋脊的造型优美、装饰精细的双坡屋顶和四个老虎窗,连同东西两座四坡屋顶交织在一起,宛如一座华丽的小宫殿。中间双坡顶的装饰清晰外露,表现出了斯堪的那维亚情调的乡村风格。"

主楼南侧有三个垂直于主屋脊的造型优美、装饰精细的双坡屋顶和四个老虎窗

威海路・巨鹿路

在一般人眼中这就是一座北欧神话中才有的宫殿。延安路上的天桥给人们俯瞰这座建筑的机会，阳光下满是此起彼伏的尖顶，连绵的斜坡仿佛是红色的海浪。"它怎么就这样落入凡间了呢？"游人这样赞叹。

再走近它，门前的青铜马反射着灼热的光泽，栩栩如生的表情仿佛就要撒腿狂奔。它下面埋葬的是一匹匹马勒家的赛马的骸骨。它们理应得到这样的祭奠，正因为它们马勒家族才能在上海滩发迹。进入建筑，它用每一个精美的细节来告诉你马勒的故事。航运是主题，也是马勒成功的基石。你会看到通道上布满圆窗，那是轮船的船舷。一幅幅木雕画卷，展示的尽是船舵、船锚、海草、海浪、海上日出、海上灯塔、海上作业等与海洋密切相关的情景。即使柚木地板上，亦连连拼出海草、海带等海洋植物的图案，让人叹为观止。

仰望马勒别墅的穹顶，彩色玻璃折射出彩色的阳光，让神话建筑更加梦幻。当年的马勒会不会也曾这样仰望，脑海中浮出他的事业继续乘风破浪的画面？然而，他并没有多少日子做这样的梦。就在建筑建成后不久，因为战争，他的船厂和船运事业戛然而止，在日本人的集中营中马勒消失在历史中。今天，也只有这座建筑、这个穹顶还散发着梦幻的光彩。

门前的青铜马反射着灼热的光泽，栩栩如生的表情仿佛就要撒腿狂奔

陕西南路30号
62478881

211

⑤ 常德公寓

张爱玲文集和咖啡

CBD 里的文艺地标 ▷

在静安寺最繁忙的商务区中，一栋特立独行的老房子吸引着人的眼球，它就是常德路上的常德公寓。这个线条丰富、形态优美的公寓楼让很多文艺青年牵挂，因为大约在七八十年前，那里住着张爱玲。

常德公寓在南京西路常德路的十字路口矗立。周围已经被写字楼和商场包围，而它却独自展露着鲜明的艺术风格。尤其是中间的竖条装饰和凸出的阳台形成了有趣的反差。

常德公寓原名爱丁顿公寓（又名爱林登公寓），由20世纪30年代意大利律师出资建造。建成后这座公寓便是上层人士的高级居所，其中最有名的就是张爱玲。

大楼底下的咖啡店文艺气息十足，名字就叫作 Book·Café

为了纪念张爱玲，余秋雨在楼前的铭牌上介绍道："现代作家张爱玲女士曾在这座公寓里生活过六年多的时间。1939年，她与母亲、姑姑第一次住在这里，后去香港读书，1942年返回上海后与姑姑第二次住在这里，直到1947年9月。张爱玲在这里完成了她一生中最主要的几部小说创作，因此，这座公寓在中国现代文学史上占据特殊一页。"

女作家陈丹燕在《上海的风花雪月》一书中也有一篇对张爱玲公寓的描述："张爱玲的家，是在一个热闹非凡的十字路口，那栋老公寓，被刷成了女人定妆粉的那种肉色，竖立在上海闹市中的不蓝的晴天下面。"

晴天时，常有人慕名而来，不过大门通常紧闭，上面还贴着谢绝参观的字条。如果有幸进到大楼里，可以乘坐老式奥斯汀电梯上到六楼，张爱玲和胡兰成的"倾城之恋"就曾在这里上演。可惜"门前早已不会进水了，屋顶也没有溜水的孩子了，黄包车和白茫茫的护城河也早已成为消失的回忆了……"——张爱玲笔下的许多场景都不在了。不过张爱玲本身的影响力多少还是有一些的，大楼底下的咖啡店文艺气息十足，名字就叫Book·Café。坐在里面的人大多端着一本书，边上放着一杯香浓的咖啡，在一个暖和的下午就这么泡在这里，好不惬意自在。遥想当年的张爱玲怕也没这么潇洒自在过吧。

常德路195号

Book·Café 里的小物件

⑥ Seesaw Coffee

咖啡的平衡美 ▷

　　Seesaw 起源于商业氛围浓重的静安寺，但它并不在寸土寸金的核心区域，而是偏僻的旧里中。不过 Seesaw 创出了一个精品咖啡的传奇。

　　2011 年，几名对咖啡抱有梦想的中国年轻人辞去了世界 500 强的工作，经过与众多专业人士一起长时间的学习、探访和准备，Seesaw 的精品咖啡店在上海开业了。

　　Seesaw 的第一家店在愚园路的弄堂里。穿过一条略显阴暗的步道，尽头便是 Seesaw。店铺内几乎一半的空间暴露在敞亮的玻璃天棚下，几张桌椅简单地摆放着，客人们在阳光下聊天、喝咖啡。旁边还有一个开放式的咖啡工作台，几个年轻的咖啡师井然有序地忙碌着。

店里的各种咖啡

Seesaw 里充满了愉悦的气氛，这份快乐来源于 Seesaw 对咖啡和其文化执着地探索和研究的成果。Seesaw 的精品咖啡来自世界各地主要的咖啡产区，并且每一种咖啡豆都是店里烘焙而成的。Seesaw 的烘焙理念如其英文名一样，要在咖啡口感上找到一种恰到好处的平衡。在酸、香、甜、苦、醇厚度多个维度中 Seesaw 总能发现咖啡豆最合适的平衡点。Seesaw 的咖啡豆一般在两周内消费掉以保证客人食用到最新鲜的咖啡，同时它们每一种都有自己独到的味道，客人可以找到符合自己口味的饮品。

Seesaw 的拿铁、摩卡都带着漂亮的拉花，飘着更平易近人的香味。在销售咖啡的同时，这里还有许多独具匠心的周边产品。这里有时更像一个咖啡爱好者的俱乐部，好玩有趣的咖啡课程不断上演。

走出 Seesaw 时阳光正透过天棚照射着天井，柔光下，咖啡香气中，是一张张舒缓的笑脸。

Seesaw 的拿铁、摩卡都带着漂亮的拉花

愚园路 433 号静安设计中心内
52047828

⑦ 中福会少年宫 嘉道理旧宅

犹太富商的大理石宫殿 ▷

中福会少年宫曾是孩子们最向往的乐园。尽管新时代手机、游戏机已经让现在的孩子不再眷恋那些曾经的游戏，但承载少年宫的宫殿依旧在那里闪耀着光芒。

这里原先是上海著名的犹太富商嘉道理的豪宅。20世纪20年代富甲一方的他踌躇满志，想着把故乡的华美带到新的土地。于是白色意大利大理石漂洋过海来到上海，给这座宫殿撑起门面。上海人就给它起了个响亮的名字——大理石宫。古铜色的门楣、贴着金箔的装潢、勾勒出各种花纹的石膏、红木的地坪无不体现了它的奢华。

宫殿的内部更是华美得让人惊叹。优雅的浮雕爬满了柱子，缤纷的石膏装饰填满了天花板，大门和窗户由深沉的铸铁保护，壁炉依旧气势非凡，白、绿、蓝三色搭配出贵族独有的品味。大厅有400平方米，透着皇室气息的三花装饰、壁炉柱上考究的雕刻、巨大而又繁复的玻璃吊灯无一不体现着古典欧洲奢靡的审美情趣。据说这个大厅能容下800人，可以想象当嘉道理召开舞会时上百人齐舞华尔兹是何等盛况！

也许当时参加舞会的就有宋庆龄。无论如何，她是极其青睐这座宅子的。新中国成立后，她亲自打电话给远在香港地区的嘉道理，恳切地向他租借这座宅子以作中福会的总部。1979年，劳伦斯·嘉道理夫妇回到上海，曾如此感慨地说道："我父亲喜欢款待朋友，

中福会少年宫曾是孩子们最向往的乐园

大理石大厦在世界各地的朋友们中出了名。岁月流逝，得知我父亲特别喜欢的这幢建筑现被成千上万的儿童使用着，他们从中受益，这对我来说是件高兴的事。"

　　的确，如果你有机会踏进这座宅子，无论哪里，都必定有孩子陪伴左右，也许这正是宅子最好的归宿吧。

延安西路64号
62481850

⑧ 喫茶去

榕树下的小资茶屋 ▷

　　在上海，榕树非常罕见。喫茶去的老板当初选择这里就是看中门前有棵珍贵的榕树。于是在巨鹿路上开了一个安静的茶世界。

　　打开喫茶去古色古香的木门，一个花园环抱着的小楼便呼之欲出。穿过绿色的花园，浮躁的心情逐渐沉淀下来，让你用一颗安静的心去迎接一个沉静的茶空间。

圆的、方的，墨绿的、瓷白的、青花的杯、壶、罐，高高低低，错落有致

　　这是个有味道的地方，只要你一进入，便会不可避免地沉入茶的香气中。竹楼里的红茶、纸包里的普洱、茶罐里的绿茶……充斥着视野——主人已经为你准备好了各地的好茶。他们大部分是老板亲自前往产地精挑细选来的。因老板个人喜好，这里的茶以普洱和红茶最为齐全。有些老茶已经囤了不少年，只等有缘人来发现，因为有时候喝茶也讲究缘分。

威海路·巨鹿路

穿过江南园林式的园门,好似打开潘多拉盒子,豁然变成了茶器的天下。圆的、方的、墨绿的、瓷白的、青花的杯、壶、罐,高高低低,错落有致地展示给访客。瓷器大都来自景德镇工艺师之手,古韵中也透露着现代。

茶叶和茶器的背后是雅致的包间。再往二楼探访则是更宽广、舒适的茶室。高高的尖顶给人高挑的视觉,百叶窗外是一抹梧桐绿,木桌、木椅、沙发和古雅的器皿透露着简约而富有禅意的茶韵。

在木窗的光影下,茶艺师正在泡茶。暖暖的水蒸气缓缓升腾,淡淡的清香飘然而出。茶客不急不缓举杯浅饮,放下茶杯一阵轻声细语,然后再续上一杯。温暖的情调在这里蔓延,一个清香茶空间让人回味无穷。

泡好的茶水

巨鹿路 796 弄
62092690

219

上海微旅行 漫游这座城

⑨ 电车站

从港岛来的香港味道 ▷

电车站的奶茶

上海人很喜欢香港地区美食，香港料理遍地开花，然而简单又正宗的香港本地小吃在上海似乎很难寻觅。于是三个在上海工作的香港媒体人决定自己来做。他们在富民路开了一家香港小吃店，把最地道的街边美味带到了上海梧桐树下，他们给它起名叫电车站。

老板 Mott 是潮州人，潮州口味卤味就是她主理的

电车站店铺小到四五个客人同时进入就有些拥挤。店里的装潢也很简约、怀旧，给人香港街边小吃店的感觉。沿街的半面墙被改成了落地玻璃，让阳光把店铺照亮。

富民路的上午是安静的。那些高级餐厅、酒吧还未营业。不过电车站却早早地用一种特殊的香味叫醒人们的味蕾，那就是电车站的招牌卤味。"煮的什么啊？"路过这里的阿姨一走进小店就来询问。为了得到卤味阿姨不得不等半个小时，因为

电车站的卤味都是当天制作当天销售的。老板之一 Mott 是潮州人，潮州口味的卤味就是她来制作的。Mott 用母亲那一代传统的潮州做法再经过自己改良，让卤味更适合现代都市人的口味，其中大肠是卖得最好的一款。卤味大肠带着厚重的香味，口感爽滑有嚼劲，卤水的味道和大肠本身的口味融合在一起，让人爱不释口，卤味通常到了下午三点左右就会卖光。

除了卤味，鸡蛋仔的香气也是电车站里极具诱惑力的香味。他家的鸡蛋仔强调制做后要通风晾干，包裹的纸袋子都是带着通风口的，这样让鸡蛋仔能够保持更脆的口感，这种鸡蛋仔即便在香港也很难找到。

另一种格子饼其实就是华夫饼，但做了改良，在饼中加入了带花生颗粒的花生酱和炼乳，让口感如胶似漆，绵软细腻，花生的香味和炼乳的甜美同时填满味蕾。

小店虽小却有一众港式小吃饮品，从香稠的奶茶、甜美的糖水，到油光锃亮的西多士，一应俱全。当你坐在店里品尝着美食，那些久违的味道似乎会把你带到香港。

富民路 205 号
54034913

当你坐在店里品尝着美食，那些久违的味道似乎会把你带到的香港

⑩ Essence Casa

回归本质生活 ▷

在巨鹿路的街边,有一个充满着自然乐趣和鲜活的色彩的橱窗,总是令人侧目。橱窗里红、白、黄、粉色……在碰撞,玫瑰、郁金香、勿忘我、满天星……在绽放,仿佛是亚当夏娃的伊甸园。这就是大部分人对 Essence Casa(本质生活)的第一印象。

"能帮我包一束鲜花吗?"像大部分第一次来的客人一样,来上海旅游的刘小姐被鲜花吸引进了店里。等她仔细一看原来店里还有漂亮的衣服可以卖。"我们是以服饰花艺为主,提倡回归本质生活方式的店铺。"老板张敏这样向她介绍。

Essence Casa 是巨鹿路上最早一批店铺,几乎是看着周围慢慢变成著名的商业街的。周边店铺换了好几批了,Essence Casa 却坚守着自己的初心一直到现在几乎没什么变化。

这是一家以服饰花艺为主,提倡回归本质生活方式的店铺

威海路·巨鹿路

最初 Essence Casa 还售卖自己设计的个性家具，因为空间限制才慢慢转向花艺和服饰。小店最亮眼的手笔自然是前文说的那个橱窗。其实那里原来是个小院子，经过老板的设计，被透明玻璃包围起来，形成一个有趣的玄关。通透的玻璃让店铺能清晰地展现给路人，更把玄关变得好似一个花房。

店内除了从世界各地进口来的花卉，还有许多干花。花期短的花在这里都会被制作成干花，就好像是让花以另一种形式延续。

缤纷的花房背后，是一件件独立设计师的服饰作品。为了突显"本质生活"的定位，大部分服饰采用天然面料，最常见的就是棉、麻、丝。有机面料配合前店的鲜花、干花和店里的实木、铁制家具构筑一个老板心中理想的"本质生活"空间。温雅的女老板李敏是个环保主义者，她希望用店铺来传达一种环保的生活方式，呼唤大家重新享受有机材料的舒适感，减少无机物的使用，一起创建一个回归本质的世界。

缤纷的花房背后，是一件件独立设计师的服饰作品

巨鹿路 812 号
32532962

店里的天然面料服饰

本图书是由北京出版集团有限责任公司依据与京版梅尔杜蒙（北京）文化传媒有限公司协议授权出版。
This book is published by Beijing Publishing Group Co. Ltd. (BPG) under the arrangement with BPG MAIRDUMONT Media Ltd. (BPG MD).

京版梅尔杜蒙（北京）文化传媒有限公司是由中方出版单位北京出版集团有限责任公司与德方出版单位梅尔杜蒙国际控股有限公司共同设立的中外合资公司。公司致力于成为最好的旅游内容提供者，在中国市场开展了图书出版、数字信息服务和线下服务三大业务。
BPG MD is a joint venture established by Chinese publisher BPG and German publisher MAIRDUMONT GmbH & Co. KG. The company aims to be the best travel content provider in China and creates book publications, digital information and offline services for the Chinese market.

北京出版集团有限责任公司是北京市属最大的综合性出版机构，前身为1948年成立的北平大众书店。经过数十年的发展，北京出版集团现已发展成为拥有多家专业出版社、杂志社和十余家子公司的大型国有文化企业。
Beijing Publishing Group Co. Ltd. is the largest municipal publishing house in Beijing, established in 1948, formerly known as Beijing Public Bookstore. After decades of development, BPG has now developed a number of book and magazine publishing houses and holds more than 10 subsidiaries of state-owned cultural enterprises.

德国梅尔杜蒙国际控股有限公司成立于1948年，致力于旅游信息服务业。这一家族式出版企业始终坚持关注新世界及文化的发现和探索。作为欧洲旅游信息服务的市场领导者，梅尔杜蒙公司提供丰富的旅游指南、地图、旅游门户网站、APP应用程序以及其他相关旅游服务；拥有Marco Polo、DUMONT、Baedeker等诸多市场领先的旅游信息品牌。
MAIRDUMONT GmbH & Co. KG was founded in 1948 in Germany with the passion for travelling. Discovering the world and exploring new countries and cultures has since been the focus of the still family owned publishing group. As the market leader in Europe for travel information it offers a large portfolio of travel guides, maps, travel and mobility portals, apps as well as other touristic services. It's market leading travel information brands include Marco Polo, DUMONT, and Baedeker.

DUMONT 是德国科隆梅尔杜蒙国际控股有限公司所有的注册商标。
DUMONT is the registered trademark of Mediengruppe DuMont Schauberg, Cologne, Germany.

杜蒙·阅途 是京版梅尔杜蒙（北京）文化传媒有限公司所有的注册商标。
杜蒙·阅途 are the registered trademarks of BPG MAIRDUMONT Media Ltd. (Beijing).